Félix Lope de Vega y Carpio

El verdadero amante

Barcelona **2024**
Linkgua-ediciones.com

Créditos

Título original: El verdadero amante.

© 2024, Red ediciones S.L.

e-mail: info@red-ediciones.com

Diseño de cubierta: Michel Mallard.

ISBN tapa dura: 978-84-1126-229-3.
ISBN rústica: 978-84-9816-182-3.
ISBN ebook: 978-84-9897-712-7.

Cualquier forma de reproducción, distribución, comunicación pública o transformación de esta obra solo puede ser realizada con la autorización de sus titulares, salvo excepción prevista por la ley. Diríjase a CEDRO (Centro Español de Derechos Reprográficos, www.cedro.org) si necesita fotocopiar, escanear o hacer copias digitales de algún fragmento de esta obra.

Sumario

Créditos _____ 4

Brevísima presentación _____ 7
   La vida _____ 7

**Primera comedia de Lope de Vega Carpio
dirigida a Lope de Vega, su hijo** _____ 9

Personajes _____ 12

Jornada primera _____ 13

Jornada segunda _____ 61

Jornada tercera _____ 101

Libros a la carta _____ 135

Brevísima presentación

La vida

Félix Lope de Vega y Carpio (Madrid, 1562-Madrid, 1635). España.

Nació en una familia modesta, estudió con los jesuitas y no terminó la universidad en Alcalá de Henares, parece que por asuntos amorosos. Tras su ruptura con Elena Osorio (Filis en sus poemas), su gran amor de juventud, Lope escribió libelos contra la familia de ésta. Por ello fue procesado y desterrado en 1588, año en que se casó con Isabel de Urbina (Belisa).

Pasó los dos primeros años en Valencia, y luego en Alba de Tormes, al servicio del duque de Alba. En 1594, tras fallecer su esposa y su hija, fue perdonado y volvió a Madrid.

Entonces era uno de los autores más populares y aclamados de la Corte. La desgracia marcó sus últimos años: Marta de Nevares una de sus últimas amantes quedó ciega en 1625, perdió la razón y murió en 1632. También murió su hijo Lope Félix. La soledad, el sufrimiento, la enfermedad, o los problemas económicos no le impidieron escribir.

**Primera comedia de Lope de Vega Carpio
dirigida a Lope de Vega, su hijo**
Mirando un día el retrato de vuestro hermano Carlos Félix, que, de edad de cuatro años, está en mi estudio, me preguntaste qué significaba una celada que, puesta sobre un libro en una mesa, tenía por alma del cuerpo esta empresa: Fata sciunt; y no os respondí entonces porque me pareció que no érades capaz de la respuesta. Ya que tenéis edad, y comenzáis a entender los principios de la lengua latina, sabed que tienen los hombres para vivir en el mundo, cuando no pueden heredar a sus padres, más que un limitado descanso, dos inclinaciones: una a las armas, y otra a las letras, que son las que aquella celada y libro significan con la letra, que en aquellos tiernos años dice que el cielo sabe cuál de aquellas dos inclinaciones tuviera Carlos si no le hubiera, como salteador, la muerte arrebatado a mis brazos y robado a mis ojos, puesto que a mejor vida, dolorosamente, por las partes que concurrían en él de hermosura y entendimiento con esperanzas de que había que mejorar mi memoria sobreviviendo a mis años, por la razón de, curso de la naturaleza, orden sujeta a los accidentes de la vida. Vos quedases en su lugar, no sé con cuál genio, cuya definición os darán Pausanias y Plutarco cuando sepáis entenderlos; el uno en los Acaicos, y el otro en la Vida de Bruto. Ni aun conozco la calidad de vuestro ingenio; que San Agustín tuvo por felicísimo al que nació con él, como en el libro cuarto de la Ciudad de Dios lo siente el Santo; y fue opinión de Cicerón y de Aristóteles la ventaja que hace al arte la naturaleza, a quien afrenta Plinio pensando que la cultura de las artes se debe a la avaricia; bien que casi siempre es verdad cuando no las estudia el gran señor y príncipe, y aun entonces puede ser vanidad, y no virtud, como se ha visto en muchos. Mas ¿para qué os persuado con autores, cuando aun estáis en los primeros rudimentos de la lengua latina? Cosa que no podéis excusar, aunque si hubiera quien os enseñara bien la castellana, me contentara más de que la supiérades; porque he visto muchos que, ignorando su lengua, se precian, soberbios, de la latina, y todo lo que está en la vulgar desprecian, sin acordarse que los griegos no escribieron en latín, ni los latinos en griego; y os confieso que me causa risa ver algunos hombres preciarse de poetas latinos, y en escribiendo en su lengua parecer bárbaros; de donde conoce-

réis que no nacieron poetas, porque el verdadero, de quien se dice que ha de tener uno cada siglo, en su lengua escribe y en ella es excelente, como el Petrarca en Italia, el Ronsardo en Francia y Garcilaso en España, a quien también deben sus patrias esta honra; y lo sintió el celestial ingenio de fray Luis de León, que pretendió siempre honrarla, escribiendo en ella, como también le sucedió a fray Luis de Granada, después de muchos sermones que hay suyos en la lengua latina; y en ella escribieron fray Fernando del Castillo, fray Agustín de Ávila, el padre Ribadeneira, el doctor Mariana y otras excelentes ingenios, sus historias. No os desanimo para que con menos cuidado estudiéis esta reina de las lenguas, tercera en orden a las del mundo, aunque más común que todas; procuralda, saber, y por ningún caso os acontezca aprender la griega, porque, desvanecido, no digáis lo que algunos que saben poco della y de otras, por vendernos a gran precio la arrogancia de que la entienden; y porque no sepáis lengua tan engendradora de soberbios, y que tan pocos pueden saber que la sabéis, que un catedrático de griego, natural de Guipúzcoa, hallándose en su escuela de Alcalá asaltado de improviso de muchos señores de la corte, oró en vizcaíno delante dellos y fue tenido por hombre insigne, hasta que un secretario de un príncipe, que era de la misma patria, deshizo el atrevido engaño, diciendo que le había entendido. En una de aquellas famosas librerías de Sevilla pidió el padre fray Luis de León una Biblia, si acaso la tenían, hebrea. Diósela el dueño, admirado de que la pidiese, y mucho más de vérsela leer en alta voz; pero llevando consigo un sobrino suyo, ingenio singular y del mismo hábito, pidió otro cualquiera libro, si acaso le tenían, en la lengua hebrea; diole el librero los salmos de David, de maravillosos caracteres e impresión del excelente Plantino; y comenzando a leer disparates, porque ignoraba la lengua entonces, volvió fray Luis a reprenderle airado; a quien el sobrino dijo: «Déjeme vuesa paternidad, que para el señor librero tan hebreo es esto como esotro». Vos me habéis entendido; y en razón de la inclinación, que fue el principio de esta carta, no tengo más que os advertir; si no os inclináredes a las letras humanas, de que tengáis pocos libros, y esos selectos, y que les saquéis las sentencias, sin dejar pasar cosa que leáis notable sin línea, o margen; y si por vuestra desdicha vuestra sangre os inclinare a hacer versos (cosa de que Dios os libre), advertid que no sea

vuestro principal estudio, porque os puede distraer de lo importante, y no os dará provecho. Tened en esto templanza; no sepáis versos de memoria, ni los digáis a nadie; que mientras menos tuviéredes desto, tendréis más de opinión y de juicio; y en esta materia, y lo que os importa seguir vuestros estudios sin esta rémora, no busquéis, Lope, ejemplo más que el mío, pues aunque viváis muchos años no llegaréis a hacer a los señores de vuestra patria tantos servicios como yo, para pedir más premio; y tengo, como sabéis, pobre casa, igual cama y mesa y un huertecillo cuyas llores me divierten cuidados y me dan conceptos. Libraréisos con esto de que os conozcan; que por la opinión de muchos es gran desdicha y así tenía por jeroglífico un hombre docto deste tiempo un espejo en un árbol, a quien unos muchachos tiraban piedras, con esta letra: Periculosus splendor. Yo he escrito novecientas comedias, doce libros de diversos sujetos, prosa y verso, y tantos papeles sueltos de varios sujetos, que no llegará jamás lo impreso a lo que está por imprimir; y he adquirido enemigos, censores, asechanzas, envidias, notas, represiones y cuidados; perdido el tiempo preciosísimo, y llegada la non intellecta senectus, que dijo Ausonio, sin dejaros más que estos inútiles consejos. Esta comedia, llamada El verdadero amante, quise dedicaros, por haberla escrito de los años que vos tenéis; que aunque entonces se celebraba, conoceréis por ella mis rudos principios; con pacto y condición que no la toméis por ejemplar, para que no os veáis escuchado de muchos y estimado de pocos. Dios os guarde.
VUESTRO PADRE.

Personajes

Jacinto
Danteo
Menalca
Coridón
Euristo
Peloro
Ergasto
Doristo
Amaranta
Ereusa
Dórida
Felicio
Glicerio
Alcaldes labradores
Un sacerdote de la diosa Juno
Pastores
Músicos

Jornada primera

(Salen Jacinto, músicos y pastores con baile y fiesta, y un sacerdote.)

Sacerdote   No suene rumor alguno
hasta que a avisaros vuelva
en tiempo más oportuno,
pues Regamos a la selva
sagrada, a la diosa Juno,
   cuyas manos vengativas
tanto las nuestras altivas
castigan cuando se atreven,
que hasta los vientos no mueven
las hojas destas olivas.

Un Pastor   En nada os disgustaremos,
ni la gran diosa permita
que su selva despreciemos.
¡Hola! Cese el baile y grita.

Otro   Pues lo mandáis, cesaremos.

Sacerdote   Todos hincad la rodilla,
y con voluntad sencilla
mostrad que es nuestra intención
ofrecerle el corazón,
que por víctima se humilla.

(Descubren la diosa Juno en un templo.)

   ¡Oh santa Juno, que fuiste
del alto Júpiter prenda!
Tú que, más bella, venciste
a Palas en la contienda

13

                    y a Venus oscureciste,
                       asiste a nuestro deseo
                    por el despojo y trofeo
                    que se te ofrece este día,
                    y venga en tu compañía
                    el sacro dios Himeneo.
                       Doristo con Amaranta
                    quieren tu yugo amoroso;
                    asiste, pues, Juno santa,
                    y el lazo dificultoso
                    de la coyunda levanta;
                       y en tanto que se levante,
                    cualquier agüero se espante
                    de tu poderosa diestra:
                    ni la corneja siniestra
                    ni el búho nocturno cante.
                       Ya vuestras bodas pronuncia.
                    Aquella blanca paloma,
                    Doristo, tu bien anuncia.
(A la novia.)   La mano a tu esposo toma
                    y tu libertad renuncia.
                       No hay que temer fin prolijo.

Doristo   A la aldea nos volvamos.
                    ¡Qué grande bien nos predijo!

Sacerdote   Pastores, de aquí partamos.

Pastores   Cese el baile y regocijo.

(Vanse todos; queda Jacinto solo.)

Jacinto   ¿Permitirás levantarme,
                    falso amor, de aqueste suelo,

donde he venido a humillarme?
Pero si caí del cielo,
¿dónde puedo asegurarme?
　　¡Ay, pregunta sin provecho!
Pues en el aire, sospecho,
por donde amor me subió,
mis esperanzas y yo
nos hemos pedazos hecho.
　　¿Que te casaste, Amaranta?
¡Muerto soy!

(Sale Danteo.)

Danteo
(Sin ver a Jacinto.)　　¡Oh! Atalanta,
préstame tus pies veloces.
Así tu Hipómenes goces,
que en verte agora se espanta.
　　Déjame dar esta nueva
a aquel verdadero amigo:
Eco, mis acentos lleva;
detente, viento enemigo:
no la estorbes, que ya prueba.
　　Dile a Jacinto, el dichoso,
que el rapacillo envidioso
en este punto le ha dado
el más venturoso estado
que tuvo pecho amoroso.
　　Dile que se abrase y arda,
que pene, padezca y muera,
pues que le adora Belarda,
de toda nuestra ribera
la pastora más gallarda.
　　No es este amor, que provoca

a un alma a volverse loca,
malicia que imaginé;
que de su boca lo sé
y lo sabrá de mi boca.
   Basta que me ha preguntado
quién es y en qué punto precia
el ser de zagal honrado,
y si el ganado desprecia
o guarda ajeno ganado;
   y he hecho lo que he podido
en decirle que ha tenido
elección de mujer cuerda,
y que a mi cuenta se pierda
por un ganado perdido.
   Santo Apolo, ¿velo o sueño?
¡Ah, Jacinto! ¿Desta suerte
sirves a tu nuevo dueño?
¡Oh dura imagen del sueño,
sombra y color de la muerte!
   ¿Estás en ti?

Jacinto	¡Mi Danteo! ¿Es posible que te veo?
Danteo	¿Qué has tenido? ¿No estás bueno?
Jacinto	Sí estoy, aunque bien ajeno del mayor bien que deseo.
Danteo	Anímate. ¿Qué has tenido? ¿Estás dormido o despierto?
Jacinto	Estoy despierto y dormido, estoy sano, estoy herido,

        estoy vivo y estoy muerto:
          tal me tiene mi dolor.

Danteo
         Pues duerme y vela, pastor,
y cúrate y no te cura,
y muere y vivir procura;
quizá te hallarás mejor.
        ¿Estás burlando del tiempo?

Jacinto
        El se ha burlado de mí,
pues que ya ha llegado el tiempo
que del tiempo que perdí
estoy llorando sin tiempo.

Danteo
        No más, que tu queja entiendo.
Todo tu mal comprendo:
a Belarda a amar te inclinas.

Jacinto
        Ni aun la ceniza adivinas
del fuego en que estoy ardiendo.

Danteo
        No disimules conmigo.

Jacinto
        ¡Por Dios, Danteo, que ignoras
mi mal!

Danteo
            Antes soy testigo,
y de su boca te digo
que sé que a Belarda adoras,
  y porque mejor me creas,
hoy me ha dado el cargo a mí
para que la hables y veas:
y aun de su pecho entendí
que gusta que la poseas.

                    ¡Brava ventura tuviste!

Jacinto (Aparte.)   (Quiérome disimular
                    callando el suceso triste.)
                    ¿Dónde la Pudiste hablar?
                    ¿Adónde vella pudiste?
                        ¡Que soy amado me cuentas!

Danteo   Tanto, que alegre te asientas
                    en el trono del amor.

Jacinto   Poco sientes mi dolor
                    y gusto que no lo sientas.
                        ¡Ay, falsa! ¿Que te casaste?

Danteo   ¿Qué dices?

Jacinto   Que te engañaste
                    en pensar que esa pastora
                    me quiera bien.

Danteo   Y te adora.

Jacinto   ¿Es cierto?

Danteo   Es muy cierto.

Jacinto   Baste.
                        Sin falta, por mano ajena,
                    la suerte mi vida guarda,
                    y que se resuelva ordena,
                    con la gloria de Belarda,
                    de mi Amaranta la pena.
                        Irémosla luego a ver.

Danteo	Así quedó concertado.
Jacinto	Galán me quiero poner; que me ha tenido enlutado de un desposorio el placer. Y pues que tantos lo van, bien es que vaya galán. ¡Euristo!

(Sale Euristo.)

Euristo	¿Qué mandas?
Jacinto	Presto trae volando a este puesto pellico, banda y gabán.

(Vase Euristo.)

Danteo	¿Desposorio te enlutó?
Jacinto	Sí, porque envidia me alcanza de ver que allí se cumplió de dos almas la esperanza que para mí no llegó.
Danteo	Nuevo es eso para mí, que he estado fuera de aquí. Hoy vine a aquesta ribera.
Jacinto	Para mí también lo fuera, a no estar fuera de mí.

(Sale Euristo.)

Euristo		Aquí hay recaudo; bien puedes vestirte.

Jacinto		Muestra el pellico.
Aquesto quiero que heredes,
y de dueño no muy rico
no esperes grandes mercedes.

Euristo		¿Qué dices?

Jacinto		Si aquesto viera
Belarda, ¡qué burla hiciera
de ver un pobre pastor
con hazañas de señor!

Danteo		Harto bien le pareciera,
pues lo que el ser no te ofrece
has por virtud alcanzado;
que tan bien el Sol parece
si en un árbol resplandece
como en un techo dorado.

Jacinto		Ya estoy bien. Vamos de aquí.

Euristo		¿Mandas que vaya tras ti?

Jacinto		Ya bien te puedes quedar.

Euristo		Pues ¿no te he de acompañar?

Jacinto		No, mientras ande sin mí.

(Vanse Jacinto y Danteo.)

Euristo   ¿Qué novedad es aquesta,
Jacinto? ¿Qué nueva llama
así tu pecho molesta,
que cuando entierras tu dama
sales vestido de fiesta?
  ¿Es este acaso el tributo
del tierno llanto y del luto?
¿Son estas colores verdes
de la esperanza que pierdes
el mal sazonado fruto?
  ¿Si acaso el dolor espanta?
Mira, señor, si te mueres:
nunca la causa fue tanta,
pues se ha casado Amaranta,
la prenda que tanto quieres.
  Mírala en brazos ajenos,
y que de su gloria llenos...
Mas conviéneme que calle,
que suena gente en el valle
y es Menalca cuando menos.

(Vase.)

(Salen Menalca y Coridón.)

Menalca   ¿Conoces, dime, Coridón, alguno
que en todo, el Tajo, y en el mundo todo,
posea tanto bien como poseo?
Y no quiero decir pastor ninguno,
que fuera cortedad tan a mi modo
medir con la ventura mi deseo.
¿Viste algún rey, ufano del trofeo

de haber ganado un reino, por ventura,
en paz santa y segura
gozar su alegre estado?
Pues deste fuera yo tan envidiado,
que trocara del reino lo más rico
por un solo jirón deste pellico.
  No la púrpura sacra y la corona
que ciñe al claro príncipe las sienes,
más llenas de soberbia que de gusto;
no la parlera fama, que pregona
pequeños males como grandes bienes
en la boca del vulgo, torpe, injusto,
diciendo a voces: «Príncipe tan justo
excede en guerra y paz con igual mano
a Numa y a Trajano»;
ni el ver su nombre eterno
se iguala a que yo pase el duro invierno
y los calores del ardiente estío
contento con el bien pequeño mío.

Coridón	¡Qué tal te tiene amor!
Menalca	¿Qué tal me tiene? Tal me tiene, gozando el bien que gozo, que vivo como rey sin desearlo.
Coridón	Furor debe de ser que te entretiene. Vuelve en tu seso, descuidado mozo.
Menalca	Coridón, por demás será buscarlo. Dichosamente supe aventurarlo.
Coridón	¿Rey te juzgas queriendo? ¡Gran locura!

Menalca	Pues dime, ¿que ventura tan próspera me aguarda como gozar el alma de Belarda? ¿Qué reino puede haber como sus ojos, de quien tengo y tendré ricos despojos?
Coridón	¿De manera que ya, Menalca loco, te habemos de llamar rey?
Menalca	De contento.
Coridón	¿Y el título ha de ser rey de Belarda?
Menalca	A título tan alto un rey es poco. No cabe en un pastor merecimiento, que pobremente sus ovejas guarda; un dios podrá reinar; que en Dios no hay pena.
Coridón	Júpiter, como hizo en Alcumena, podrá reinar dejándola preñada. Pasión desenfrenada te rige el pensamiento.
Menalca	Y a ti de libertad ocioso intento.
Coridón	Vuelve en tu seso: cobra tu sentido.
Menalca	Ganado está muy bien cuando perdido.
Coridón	Pues quieres que así sea, dime, cuerdo, ¿cómo podrás gozar mientras que vives tu Belarda gentil?
Menalca	Viviendo en ella.

Coridón	¡Cabrás dentro muy bien!
Menalca	Cabré en su acuerdo.
Coridón	En fin, a todo engaño te apercibes. Bien ves que no, podrás casar con ella, porque es humilde el nacimiento della para tu generoso nacimiento.
Menalca	¡Oh, sumo atrevimiento! Dime, ¿nació en la tierra?
Coridón	En una choza, junto a aquella sierra.
Menalca	Y yo ¿dónde nací?
Coridón	Muy diferente; que eres de dioses y de ilustre gente.
Menalca	La nobleza mayor, la mayor palma, no para en el pellico: llega al alma.

(Salen Belarda y Ergasto.)

Belarda (A Ergasto.) Vuélvete, Ergasto, a la fuente,
que al pie del verde laurel
que da sombra a su corriente,
he perdido y puse en él
una cinta de la frente.
    Corre.

Ergasto ¿Has miedo que se huya?

Belarda	Búscala, por vida tuya.
Ergasto	Ya tarde parecerá, que el Sol la habrá hurtado ya para ceñirse la suya.
Coridón	Tu Belarda es ésta, a fe.
Menalca	Y cuyos son los despojos del alma que la entregué. ¿Cómo no pongo los ojos adonde estampa su pie?
Belarda (A Ergasto.)	¡Al Sol le llaman ladrón! ¿Es esa buena razón?
Ergasto	Como sus rayos dorados de la Luna son hurtados, de los tuyos son...
Belarda	¿Qué son?
Ergasto	Hurto los del Sol.
Belarda	¿Mis rayos?
Ergasto	Tus rayos.
Belarda	Pues ¿resplandezco?
Ergasto	Tal, que si a verte me ofrezco, trueco la vista en desmayos, y desmayado fallezco.

Belarda   Basta, que sabes hablar.

Ergasto   Ahora bien, voyla a buscar.

Belarda   ¡Oh, cuánto el rústico tarda!

(Aparte.)

Ergasto   Haz una cosa, Belarda,
                          para que la pueda hallar.

Belarda   Acaba con tus enojos.

Ergasto   Quiero, para que me alumbre,
                          llevar, en lugar de antojos,
                          un resplandor de la lumbre
                          de aquesos divinos ojos.

Belarda   ¡Qué necia filosofía!
                          Vete, que luz tiene el día
                          con que la puedas hallar.

Ergasto   Voyme por no te enojar,
                          parte de la vida mía.

(Vase.)

Belarda (Aparte.)   (Mas ¡de qué suerte me tienes,
                          que paso de enojo a rabia!)
                          ¡Oh, Menalca! A tiempo vienes.

Menalca   Siempre al tiempo que te agravia
                          fuerza de ajenos desdenes,
                            para que mal me recibas.

Belarda	En falsa esperanza estribas,
	y siendo tú mi esperanza...
Menalca	O merezco tu privanza,
	o de tu gloria me privas.
	¿Tanto a todos me adelanto?
	Sin falta de mí te burlas.
Belarda (Aparte.)	(No puedo decirte cuánto.)
	Pues ¿llamas pesadas burlas
	verdades que pesan tanto?
Menalca	No más; que sin falta creo
	que de tu alma poseo
	la rendida voluntad.
Belarda (Aparte.)	(Así parece verdad,
	aunque te engaña el deseo.)
Menalca	¡Oh. Belarda, y cuán notable
	se halla en ti la virtud!
	No hay vicio más detestable
	que la injusta ingratitud.
	No porque en mis cosas hable;
	que no quiero persuadirte
	que para tanto rendirte
	han sido mis obras parte;
	que si valgo para amarte,
	no valgo para servirte.
	Que para tanto valor,
	un príncipe ser quisiera,
	y no tan pobre pastor.

Belarda (Aparte.) (En ese estado, pudiera
aborrecerte mejor.)

Menalca ¿Qué respondes?

Belarda Que tu estado
es el mejor que han honrado
hoy las riberas jamás,
pues hoy el más rico estás
de cuantos guardan ganado;
 y si quieres como muestras,
el más rico de contento.

Menalca Excede el alma a las muestras,
porque a lo menos que siento
me faltan palabras diestras.
 Pero toda esta riqueza
ofrecida a tu belleza
es un humilde caudal.

Belarda (Aparte.) (Y para quererte mal
no es muy pequeña pobreza.
 ¡Si supieses de qué suerte
te aborrezco, aunque te engaño!...)

Menalca Coridón, agora advierte
si acierto a buscar mi daño
y en procurarme la muerte.
 Mírame tan bien pagado,
y tan del alma adorado
de aquella que de las almas
tiene más triunfos y palmas
que el propio niño vendado.

Coridón	Digo que razón te sobra.
	Ama, pues tanto mereces,
	y pon tu intento por obra;
	que si mucha paga ofreces,
	por una a ciento se cobra;
	que puesto que merecieras
	prendas que igualar pudieras,
	lo que falta en igualarte,
	le sobra en lo que fue parte
	para que tanto la quieras.
Menalca	Bien me has dicho, bien me enseñas
	de mi empleo la ventura.
Belarda (Aparte.)	(Pues haz cuenta que lo sueñas,
	porque en balde te asegura
	con palabras halagüeñas.)

(Salen Danteo y Jacinto.)

Danteo (Aparte a Jacinto.)	(¡Buen encuentro, a no se hallar
	aquéste, que, a mi pesar,
	cada vez aquí le encuentro!
Jacinto	No tengo por buen encuentro
	el que comienza en azar.
Danteo	Pues a fe que aquesta vez
	que ha de ser azar de cedro,
	pues tienes padre juez.
Jacinto	Si en tales azares medro,
	más negro voy que la pez.

Menalca	Al fin, ¿dices que eres mía?
Belarda	Y que en mi postrero día tu nombre repetiré.

Menalca	¡Oh. Belarda! A tanta fe
	otro premio se debía;
	   que poco valen palabras
	donde apenas obras pueden,
	y más de un pastor de cabras;
	pero pues ellas no exceden,
	gusto que el pecho me abras.
	   Mira tu retrato en él,
	porque amor es pintor fiel;
	solo te diferenció
	en que allí blanda te vio,
	y aquí te pinta cruel.

Belarda	Muestra. ¿Qué es eso que veo? abre el pecho.
Menalca	No es ingrato: daréte cuanto poseo, si ya no has visto el deseo, que es el cerco del retrato. Mas éste no lo verás, porque no te obligue más a cumplille.
Belarda	A todo sales. Buenos son estos corales.
Menalca	Por estar donde tú estás.

	Espera; que ya los quito porque los goce ese cuello.
Belarda	Será si yo lo permito.
Menalca	No hay que replicar en ello.
Danteo (Aparte a Jacinto.)	(¿Has leído el sobrescrito?)
Jacinto	Por cierto, ia muy buen lugar me has traído a despeñar! ¿Quién te dijo mi suceso?
Menalca	¡Qué bien te están!
Belarda	¡Bueno es eso! Bien los sabes alabar. Ya sé que tienen valor.
Menalca	Desde que ya tuyos fueron, le tendrán mucho mayor, pues parece que escogieron de tus labios el color. Aunque les haces agravio, porque tan cerca del labio perderán la color suya; mas hurtaránte la tuya.
Jacinto (Aparte.)	(A fe que el pastor es sabio.)
Belarda	No sé qué te diese en pago de este don, te certifico.

Menalca	Con poco me satisfago.
Belarda	Pero tú das como rico, y yo como pobre pago.
Jacinto (Aparte.)	(Bien lo sabe agradecer.)
Belarda	Espera: iréme a coger flores que traiga en la falda, para hacerte una guirnalda.
Menalca	Aquí la puedes hacer. No quiero que te fatigues; Coridón irá por ellas.
Belarda	No quiero que así me obligues; que veo mis dos estrellas que con tu sombra persigues.
Danteo (Aparte a él.)	(Por ti lo dice, Jacinto, que te ha visto.)
Coridón	Voyme, y pinto en tus faldas un abril.
(Vase.)	
Danteo	A fe que es harto gentil.
Jacinto (Aparte.)	(Y gentil el laberinto.) ¡Oh amor! ¿Faltábate más? Hoy me casas mi pastora; y ésta que agora me das, para que la olvide agora,

¡cerca de casalla estás!

Danteo
(Aparte a Jacinto.) (Sentir nos tienen por ti.)

Belarda ¿Cómo le echaré de aquí?
Que he visto mi nueva gloria.

Menalca Siendo tuya la victoria,
¿me das la guirnalda a mí?
(Aparte.) (Mira que no es la corona
para la frente vencida;
que el vencedor se corona.)

Belarda Aquesta vez tu homicida,
Menalca, te galardona.
¡Ay, Dios! ¡Qué león tan fiero,
arrimado a aquel sendero,
por aquel repecho entró!
Mataráme.

Menalca Mi bien, no,
que yo moriré primero.
Pero, ¿dónde fue? ¿Qué es dél?
Espera, que tras él voy.

Belarda ¡Ay Dios! No vayas tras él;
que te matará.

Menalca No soy
menos animoso que él.

(Vase.)

Belarda	¡Buena industria! Ya se fue. ¡Hola, pastor; hola, ce!
Danteo	¿Llámasme a mí?
Belarda	Y a los dos.
Jacinto	Guárdeos el cielo.
Belarda	Y a vos, parte de mi vida os dé.
Jacinto	No, sino a vos de la mía; y no digo parte della, que toda es vuestra, y podría, si os preciáis de poseella, serlo el alma que os daría Por relación he sabido que me habéis engrandecido en darme nombre de vuestro.
Belarda	Holgara veros tan diestro en el ser agradecido; mas si de mí conocéis, como yo de vos confío, lo que a mi alma debéis, en darme lo que es tan mío, ¿quién duda que lo seréis?
Jacinto	Pues me abona ese valor, vos seréis mi fiador, y firmará la escritura el tiempo, que ya procura darme otra deuda mayor.

Belarda	Yo pienso que la tendréis,
	y que debiéndoos yo a vos,
	también vos me deberéis.
Danteo	Si tanto os debéis los dos,
	con no pagar pagaréis.
	Cumplido se ha mi deseo,
	pues tan conformes os veo,
	de ausentes enamorados.
Jacinto	Trujo el fin de mis cuidados
	el nuevo bien que poseo.
	Hoy sale, aunque a su pesar,
	Amaranta de mi alma,
	y Belarda en su lugar
	entra llevando la palma,
	pues perdí para ganar.
	Hoy, Danteo, en nueva forma
	amor en mí se transforma;
	no sé si el amor ordena
	que esté suspensa la pena,
	cosa que al vivir conforma.
Belarda	Coridón viene. ¡Ay de mí!
	Allí os podréis esconder.
Jacinto	Siempre, Belarda, temí
	que había más que temer.
Belarda	Mi suerte lo quiere ansí.

(Escóndense los dos.)

(Sale Coridón con un ramo de laurel en la mano.)

Coridón   Belarda, de aquesta rama,
que agora laurel se llama,
y un tiempo Dafnes esquiva,
corona la frente altiva
del vencedor que te ama.
   Toma, enemiga cruel;
y mira si he sido fiel,
y lo que puedes conmigo,
pues para que mi enemigo,
corones, traigo el laurel.
   Toma, y iplega a Dios, si alcanza
en mi daño la venganza,
que el laurel que le previenes
se le marchite, en las sienes,
como lo está mí esperanza,
   o que en fuego se resuelva,
o cuando al que te idolatra
la suerte humana revuelva,
en los áspides se vuelva
que mataron a Cleopatra!
   Mas pues tan poco restauro,
arda en su cabeza el lauro
como Hércules ardió
en la camisa que dio
a Deyanira el Centauro.
   No traigo rosa ni flor,
que no serán necesarias;
que la corona de amor
no ha de ser de flores varias
para el constante amador.
   Y pues Menalca se jata
de la firmeza que trata,

| | toma; que bien sé, cruel,
que se la das de laurel
porque te la dé de plata. |
|---|---|
| Belarda | Basta, Coridón, no más;
no me trates desa suerte. |
| Coridón | Pues di, ¿qué excusas darás
de haberme dado la muerte? |
| Belarda | Vivo estás. |
| Coridón | Muerto dirás. |
| Belarda | ¿Parécete que es razón
que te quiera? |
| Coridón | Y sinrazón
no lo hacer. |
| Belarda | Pues ¿por qué, di,
cuando Menalca está aquí
no me dices tu pasión? |
| Coridón | Porque te quiere, y me excede
en riquezas; que ese es rey,
a quien Dios se las concede,
y porque es del mundo ley
que muera el que poco puede.
  Téngole, te certifico,
aquel respeto que al rico
tiene el pobre, cuando acierta
a tener nobleza muerta
debajo de su pellico. |

        Sé yo que te quiere bien:
        ¿tengo con mi mayoral
        de ponerme ten con ten,
        siendo un humilde zagal
        que apenas se sabe quién?

Belarda   Al fin, ¿confiesas que es noble?

Coridón   En lo exterior, al doble,
        que en lo interior, decir puedo
        que tanto, cruel, le excedo,
        cuanto la alta palma al roble.

Belarda   Al fin tú, como menor,
        ¿le respetas?

Coridón   Sí respeto.

Belarda   Pues ¿por qué no tendré amor
        a quien tú, como a mejor,
        le guardas tanto respeto?
        Anda, vete; que estás ciego.

Coridón   Eso, Belarda, no niego,
        porque tu vista me mata.
        ¡Oh más que la palma ingrata,
        libre del cuchillo y fuego!

Belarda   ¿Ingrata llamado has
        a la palma?

Coridón   Y creo yo
        que tal como ella serás,
        pues no dio fruto jamás

　　　　　　　　al dueño que la plantó.
　　　　　　　　　Yo fui en amarte el primero,
　　　　　　　　y del fruto desespero,
　　　　　　　　pues me niegas el tributo,
　　　　　　　　y vienes a dar el fruto
　　　　　　　　al pretendiente postrero.

Belarda　　　　　Ven acá. Si le desamas,
　　　　　　　　¿por qué siempre estás con él?

Coridón　　　　 Porque como tú le amas,
　　　　　　　　de ti gozaré por él
　　　　　　　　estas veces que le llamas.
　　　　　　　　　Lo que a ti te enamoró,
　　　　　　　　amor amar me forzó;
　　　　　　　　quiere bien hasta que mueras,
　　　　　　　　que basta que tú le quieras
　　　　　　　　para que le adore yo.
　　　　　　　　　¡Oh, ingrata Belarda! Ponte
　　　　　　　　a querer un monte fiero,
　　　　　　　　y a darle el alma disponte;
　　　　　　　　que pues por un monte muero,
　　　　　　　　bien puedo querer a un monte.
　　　　　　　　　Pon en un monte tu amor,
　　　　　　　　tan inmoble a mi dolor,
　　　　　　　　y harás que le adore y quiera,
　　　　　　　　y iojalá que un monte fuera,
　　　　　　　　y que no fuera un pastor!
　　　　　　　　　Mas dime, ¿dónde se fue?
　　　　　　　　¿Aquí no quedó contigo?

Belarda　　　　 Partióse, ¡ay triste!, y quedé
　　　　　　　　llorando, sin él, conmigo.

Coridón	Sin fe te sobra la fe. Dime, ¿por qué se partió?
Belarda	Porque aquí me defendió de un león, y fue tras él.
Coridón	¡León!
Belarda	Furioso y cruel, que deste monte bajo. ¡Ay, Dios! ¿Si le ha de matar?

Coridón	Ten, Belarda: no me mates
	con oírte lastimar;
	que sangre te puedo dar
	con que la suya rescates.
	  Yo voy a hacer de manera
	que viva, aunque si él muriera,
	viviera yo; mas no es justo
	que yo viva a tu disgusto,
	y que tu gusto se muera.
	  Sea de mi cuerpo triste
	sepultura este león,
	no de aquel a quien le diste
	por vivo en el corazón,
	después que muerto le viste.
	  El goce de tus abrazos,
	y a mí me haga pedazos,
	que no es decente que muera
	en los brazos de una fiera
	el que mereció tus brazos.

(Vase.)

Belarda	¡Qué bien se traza el engaño! ¡Hola, Jacinto!

(Salen Jacinto y Danteo.)

Jacinto	No puedo dejar de sentir mi daño, porque fue tan cierto el miedo cuanto fue tu desengaño. ¿Qué te quiere este pastor?
Belarda	Quiere crecer tus amores.
Jacinto	¿Qué importa que crezca amor, si tengo para un favor cuarenta competidores? ¿Enójante mis recelos?
Belarda	Y aún me regalan en parte.
Jacinto	Si me los das, pedirélos: celos pido antes de amarte.
Belarda	¿Son hijos de amor los celos?
Jacinto	Sus hijos dicen que son.
Belarda	Pues ¿cómo nacen sin padre?
Jacinto	No falta mucha afición, que los cría como madre al pecho de la razón.
Belarda	¡Bien a fe! Toma, Danteo,

                tuerce esta guirnalda, en tanto
                que hablamos de mi deseo;
                teje aqueste laurel santo,
                por quien suspiró Peneo,
                  y con esta cinta le ata.

Danteo   Que me place.

Jacinto   Y ¿para quién?

Belarda   Para el pastor que me mata.

Jacinto   No, no sus hojas le den
                a quien las vuelve de plata.
                  Soy tan pobre, que permito
                que la goce, y me la quito;
                porque un pobre tanto pierde,
                que este laurel, siempre verde,
                ya le volverá marchito.
                  Mal conservamos el bien;
                que es nuestra ventura tal,
                que cuando mucho nos den,
                le convertimos en mal.

Danteo   A Menalca siento.

Jacinto   ¿A quién?

Danteo   A Menalca.

Jacinto   Pues ¡sus! vamos.

Belarda   ¿Y el verte?

Jacinto	Luego podrás,
	que en el desposorio estamos.
Belarda	Mil hermosuras verás.
Jacinto	La tuya solo esperamos.

(Vanse Jacinto y Danteo.)

(Sale Menalca.)

Menalca	¡Qué buena burla me has hecho!
	Que en todo aqueste repecho
	no hay león, ni sombra vi.
Belarda	Ahora se fue de aquí,
	y casi me lleva el pecho.
	¿Vístele?
Menalca	No, por mi fe.
Belarda	Pues aunque está en otro cabo,
	en el pecho le guardé.
	Ya sé que se me hace bravo;
	pero yo le amansaré.
Menalca	Basta, que burlas conmigo.
Belarda	Si burlo, será por él.
Menalca	Qué ¿vino?
Belarda	Vino, te digo,
	y aun otro león con él,

	que debe de ser su amigo.
Menalca	No más burlas, mi Belarda. Ponme el laurel, que me aguarda Doristo a su fiesta y boda; y ven conmigo, que en toda otra mayor se te aguarda.
Belarda	Toma, y mira qué te pones; que a fe que te la tejió uno de aquellos leones.
Menalca	Pues también lo seré yo después que tú me corones.

(Vanse.)

(Suena grita y baile de pastores, y salen Doristo y Amaranta, novios; Peloro, padrino; Ereusa madrina; Dórida, pastora; Ergasto, pastor.)

Ereusa	Mejor están en lo bajo, y ordénese alguna fiesta, que ya, si el baile os molesta, descansaréis del trabajo, y pasaremos la siesta. Doristo, ¿estás bien sentado?
Doristo	Júzgalo, pues tengo al lado a mi dulce y cara esposa...
Amaranta	En merecerte dichosa.

(Salen Jacinto y Danteo.)

Jacinto	Ya llevo el color trocado.
(Aparte a Danteo.)	¿Cómo he de poder hablar?
	Danteo, da el parabién.
Danteo	Muy enhorabuena estén
	la prez de nuestro lugar
	y la hermosura también.
Doristo	¡Oh, mi Danteo! En buen hora
	vengas. Cabe mí te asienta.
Jacinto	Años que pierdan la cuenta
	goces del bien que te adora.
(A Amaranta.)	Y tú te logres contenta.
Amaranta (Aparte.)	(¡Ah, traidor! ¿Que aquí te vienes?)
Doristo	Ea, deja los parabienes,
	y siéntate cabe mí.
Jacinto (Aparte.)	(¡Ay! Que adonde estás me vi,
	y en el lugar que me tienes.)
Doristo	Ergasto, dale tu lado.
Jacinto	Bien estoy aquí.
Ergasto	Bien puedes
Jacinto (Aparte.)	(A ver mi muerte he llegado.)
	¡Oh, Ergasto, tantas mercedes!
(Aparte.)	(¡Ay, falsa, que te has casado!)

(Salen Coridón y Menalca.)

Coridón	Huélgome que fue mentira, y de hallarte aquí.
Menalca	¡Oh, señores! el cielo os dé mil favores.
Ergasto	Doristo, a Menalca mira.
Doristo	¡Oh Menalca, oh mayoral! Aquí sentaros podréis, aunque al humilde igualéis vuestra valor sin igual.

(Sale Belarda.)

Belarda	No os quisiera perturbar tan buena conversación; mas la mucha obligación, por fuerza me obliga a entrar. Gócense por muchos años.
Amaranta	¡Oh mi señora Belarda! Este lugar os aguarda. Perdonad los ricos paños, que es de campo el aparato.
Belarda	Y vos palacio lo hacéis.
Amaranta	No cual vos lo merecéis, que tenéis de reina el trato.
Padrino	Cesen ya de cumplimientos. Siéntate, niña, y callad.

                    ¿No veis que la soledad
                    hace iguales los asientos?
                        Siéntate.

Belarda   Ya estoy sentida...
                    Sentada quise decir.

Jacinto   Si has de hablar como sentir,
                    errarás toda la vida.

Padrino   ¡Buenos estamos, por Dios,
                    para jugar algún juego!

Doristo   Bien dices: juéguese luego.

Menalca   Alto: inventaldo los dos.
                       Mas no ha de ser levantado;
                    por eso mirad cuál sea.

Danteo   Yo os diré. Demos librea,
                    como se suele, al soldado.

Coridón   Bien dice.

Danteo   Es de mucha ciencia.

Ergasto   Sí, pero, tiene primor;
                    y en errando la color,
                    que pague su penitencia.

Madrina   A fe que es de regocijo;
                    bien le podemos jugar.

Padrino   Y no hay más que comenzar,

                pues que mi mujer lo dijo.

Coridón   Danteo tome la mano,
que suele ser el maestro.

Danteo   Acudís al menos diestro.

Ergasto   Siempre te excusas en vano.
     Comienza; que es tarde: acaba.

Danteo   ¡Ea, pues! Este cayado
es, señores, el soldado,
que de vestirle excusaba.
   Coridón diga primero
su color.

Coridón   Pues yo le visto
de lo que nunca me visto.

Danteo   Que te declares espero.

Coridón   ¿Ya no sabes que es de verde
la esperanza que perdí,
que nunca me la vestí?

Dórida   Que se pierde, que se pierde.

Danteo   Calla, Dórida.

Dórida   A fe mía.

Menalca   Bien es que todos calléis,
que tarde le vestiréis
hablando en filosofía.

                        O es verdad o es juego.

Danteo   Basta.
                        Ereusa, ¿de qué le vistes?

Ereusa   De negro, color de tristes.

Danteo   ¿Tú, Dórida?

Dórida   Color casta.

Danteo   ¿Tú, Doristo?

Doristo   Colorado,
                que es señal de mi alegría.

Danteo   ¿Tú, Amaranta?

Amaranta   De la mía.

Danteo   ¿Cuál es la tuya?

Amaranta   Leonado.

Danteo   ¿Tú, Jacinto?

Jacinto   Aunque mi vida
                camina a puerto seguro,
                le visto de verde oscuro,
                que es esperanza perdida.

Danteo   ¿Tú, Ergasto?

Ergasto   La deslealtad,

	por quien yo tan firme he sido, turquesado le ha vestido, color de mi lealtad.
Danteo	¿Y tú, Peloro?
Peloro	De oro, que es la color que me agrada.
Danteo	¿Y tú, Menalca?
Menalca	Encarnada, de aquella cruel que adoro.
Danteo	Eso es sangrarte en salud. ¿De qué lo vistes, Belarda?
Belarda	Yo le visto color parda.
Danteo	Es color de la virtud. Bien está así: comencemos. ¡Oh qué bien está vestido este soldado pulido! ¡Bravos colores tenemos! A fe que ha de ir muy galán a la guerra que se ofrece. ¡Oh qué gallardo parece! Todos mirándole van. Buena es la pluma leonada.
Amaranta	Leonada.
Danteo	Y el borceguí no es malo, porque es turquí,

	y tiene vuelta doblada.
Ergasto	Turquí.
Danteo	Tardóse.
Ergasto	No hice.
Danteo	Adelante. El buen soldado lleva jubón encarnado, porque lo negro desdice.

(Está Menalca embebido mirando a Belarda.)

Ereusa	Negro.
Danteo	Ya dije encarnado: pague Menalca.
Jacinto	Es ansí.
Danteo	¡Hola, Menalca está aquí! ¡Hola, hola, embelesado! Tírale del brazo.
Padrino	¡Hola!
Menalca	¿Qué es eso? Encarnado.
Danteo	¡Bien!
Belarda	Su penitencia le den.
Danteo	Y tú la mereces sola.

Menalca	Pues ¿ya no dije encarnado?
Danteo	Anda, loco, embebecido.
Menalca	Alto: penitencia pido.
Padrino	Dénsela, que ha confesado.
Danteo	Yo mando que aquel laurel ponga a Jacinto, y que diga que es más digna su fatiga de coronarse con él.
Menalca	No mandes eso.
Danteo	Perdona y obedece.
Menalca	No es razón, que es un laurel de un león, que me puso una leona.
Padrino	Si ha de ser, ¿qué te detienes?
Menalca	Porque dél indigno soy, Jacinto, el laurel te doy: corona tus dignas sienes.
Jacinto	Prosigue el juego adelante.
Menalca	Caro me cuesta la fiesta; dura penitencia es ésta.

Belarda	Y a tu pecado importante.
Menalca	¿Pecado llamas mirar?
Belarda	Sí, porque engendra deseo.
Ergasto	Prosigue el juego, Danteo; que es esto nunca acabar.
Danteo	¡Pardiez, que él parte brioso con el capotillo verde, claroscuro...
Coridón	Verde, verde.
Danteo	Y que el sombrero es vistoso con la pluma colorada...
Doristo	Colorada.
Danteo	Es alegría. Y la blanca...
Dórida	Blanca.
Danteo	Es mía, porque lo negro me agrada.
Madrina	Negro.
Danteo	Y la cinta de oro es buena con la roseta.
Ergasto	No ha sido mala la treta.

	Pague Peloro. ¡Ah, Peloro!
Padrino	¿Pues?...
Madrina	Pague el señor padrino.
Padrino	¡Pardiez que me descuidé, con los mozos que envié por la harina al molino!
Danteo	Esa disculpa no abona. Mando, con su parecer, que Ereusa, su mujer...
Padrino	¿Qué?
Danteo	Le haga una mamona.
Padrino	Obedezco, aunque es mi daño.
Danteo	¿Quién la sella?
Coridón	¡Por Dios, yo!
Padrino (Aparte.)	(¡Qué papirote me dio!) ¡Oh hi de puta, picaño!
Danteo	Adelante. Así que, digo que el soldado lleva espada con la guarnición dorada.
Padrino	¡Ofrézcole al enemigo! Dorada, sesenta veces.

Danteo	Y que va con tanto brío
a entrar en un desafío,
que se admiran los jueces.
Mueve la planta gallarda
con la caja al son gallardo,
con banda y gregüesco pardo...
¡Hola! ¿Qué digo, Belarda?
¡Aho! Tenemos otro bobo.
Belarda	¿Llámanme a mí?
Menalca (Aparte.)	(¡Bueno es eso!)
¡Cielos, he perdido el seso!
(Aparte.)	Cogido os han con el robo.
¿Qué es esto? A Jacinto mira.
Belarda	Digo, señor, que perdí.
Menalca (Aparte.)	(¿Que no mirándome a mí,
tan largo espacio se admira?)
Danteo	Yo le doy en penitencia
que a Jacinto, aquel pastor,
bese la mano.
Menalca	¡Oh rigor
de inadvertida sentencia!
Belarda	¿No ves que eso no es decente?
Padrino	En el juego sí. Callad.
Belarda	Alto, pues: si es libertad,
a vuestra cuenta se asiente.

Jacinto   Toma mi rústica mano,
                 baja tu cielo a mi suelo,
                 o mi suelo suba al cielo
                 de tu cielo soberano.

(En dándole la mano, se pone Amaranta el lienzo en los ojos.)

(Aparte.)   (¡Ay, Dios! No me abrases tanto.
                 Hasme muerto, hasme encendido,
                 pues cual Ícaro atrevido,
                 caigo en el mar de mi llanto.
                    Cuando mi cuerpo mortal
                 se vuelva en ceniza poca,
                 este lugar de tu boca
                 quedará siempre inmortal;
                    que del tiempo los agravios
                 no pueden hacerle guerra,
                 pues no ha de volverse tierra
                 lo que fue cielo en tus labios.)

Menalca (Aparte.) (¿Qué es esto, cielo cruel?
                 ¿Qué es esto, cielo inhumano?
                 ¡Belarda besa su mano,
                 y yo le doy mi laurel!
                    Ya no lo puedo sufrir.)
                 Adiós, señores, que tengo
                 mucho que hacer; luego vengo,
                 luego.
(Aparte.)   Si vuelvo a vivir.

(Vase.)

Padrino   ¿Por qué Menalca se va?

Belarda	Debe de tener qué hacer.
Danteo	¿Al juego no hay que volver?
Dórida	No vuelvas, que cansas ya. Amaranta, ¿por qué lloras?
Amaranta	No lloro.
Dórida	Pues ¿qué es aquesto? ¿Como ese lienzo te has puesto para eclipsar mis auroras? Pase de presto el nublado; salga el Sol, muéstrese el día.
Amaranta	Ciega estoy.
Dórida	Bien quedaría, de vuestra luz eclipsado. ¿Quién os pudo dar enojos?
Amaranta	Belarda, cuando pasó, con su ropa me cegó.
Belarda	Cegaran antes mis ojos. ¿Fue cuando pedí la mano?
Amaranta	Cuando la mano pediste. bien al descuido lo hiciste; pero matóme su mano. Y solo os puedo decir, que del dolor es lo menos; que el tener mis ojos buenos

                estuvo en no la pedir.

Danteo (Aparte a él.)   (Jacinto, ¿entiendes los celos?)

Belarda   ¡Que no hay fiesta sin azar!

Dórida (A Amaranta.)   ¿Que te han venido a cegar
      de pura envidia los cielos?
        ¿Que ansí tus ojos maltratan?
        ¿Que ansí tus ojos ofenden?
      Prenda amor, pues ya no prenden;
      mate amor, pues ya no matan.

Madrina   ¡Qué! Presto se pasará
      ese dolor que la escuece.

Dórida   ¿Y tan presto te parece
      para quien se muere ya?

(Suena grita que viene un toro; vanse las pastoras, y juegan los pastores con él, y derriba al padrino, que ha de estar vestido de botarga.)

Madrina   ¡Ay, triste! ¡Y qué gran ruido!
      ¿Si es el toro?

Coridón   El mismo es.

Padrino   Guárdenle para después
      si está cansado y corrido.

Coridón   Ya es tarde; él viene.

Dórida   Amaranta,

	huye por esa emboscada.
Amaranta	¡Ay, pobre!
Madrina	¡Ay, triste!
Dórida	¡Ay, cuitada!
	Vaya en tus pies, Atalanta.

(Sale el toro.)

Coridón	Avive, señor Peloro.
Padrino	¡Ah, hosquillo, vente a mí!
Ergasto	Venga acá, súbase aquí.
Padrino	¡Vente a mí, torejo, toro!
Coridón	¿Mas que coge al viejecito?
Ergasto	Ya le cogió.
Padrino	¡Que me muero!
	¡Ay, que me rompe el braguero!
	No me le rompas, torito.

Fin de la primera jornada

Jornada segunda

(Salen Menalca y Coridón.)

Coridón ¿Por eso, Menalca, solo
te fatigas y entristeces,
si tú solo en nuestro polo
tan divino resplandeces
como en los suyos Apolo?
 ¿Un villano te maltrata?
¿Un pastorcillo te mata?
¿Celos las prendas te dan,
cuya vida te darán
por lo que pesa de plata?
 Cobra el amor que te quita
del temor que te acobarda:
¿es bien que se le permita
tal liviandad a Belarda,
si a Jacinto solicita?
 Yo sé que por él padece;
yo sé bien que te aborrece.

Menalca Calla en mal hora, pastor;
que la enfermedad de amor
con el desengaño crece.
 Yo vengo desengañado
desde aquel maldito juego,
donde jugué de picado
tanto resto de mi fuego,
que estoy, de perdido, helado.
 Quiso amor que me picase
y mis prendas empeñase;
comencé por mi laurel...
¡Mal fuego se prenda en él,

    que las entrañas le abrase!
      Su frente fingida y doble
    coroné del ramo noble
    que fue digno de la mía,
    la que apenas merecía
    enebro, acebuche o roble.
      ¡Ay, triste! Que el seso pierdo
    cuando de aquel sueño vano
    para la muerte recuerdo,
    y cuando de aquella mano,
    de aquella mano me acuerdo.
      Por la mano le gané;
    pues que primero la amé;
      mas, ¡triste!, ¿qué me sirvió?
    Que la mano me ganó
    borrando el punto a mi fe.
      ¿Viste que le dio la mano,
    y que ella le dio su boca?
    Luego, según esto, es llano
    que él ganó el bien que le toca,
    y que yo la adoro en vano.
      ¡Oh, condición de mujer,
    tan enseñada a jugar!
    Fortuna te has de llamar,
    pues gana el que ha de perder,
    y pierde el que ha de ganar.
      ¡Ay, Dios! ¡Qué mal te aconsejas,
    si ya de mi bien te alejas,
    olvidada de mis obras!
    ¿No ves el dueño que cobras
    por el esclavo que dejas?

Coridón   Calla, mayoral. ¿Qué es esto?
    ¿Ansí desmayar te agrada?

                    ¡Venganza, venganza presto!

Menalca   A mi pasión obstinada,
                    cualquier consejo es molesto.

Coridón   Pues ¿cómo tendrás paciencia
                    para ver en tu presencia
                    que un hombre tan desigual
                    trate tus cosas tan mal
                    como si fuera en ausencia?
                        ¿Qué aguardas desta liviana,
                    movida de un loco antojo?
                    Si sufres de buena gana
                    que hoy te haga aqueste enojo,
                    ¿qué esperas que hará mañana?
                        Si hoy, inadvertida y loca,
                    con su hermosa boca toca
                    la mano de aquel villano,
                    mañana hará que su mano
                    o su pie pise su boca.
                        Mira que pierdes honor
                    consintiendo tal bajeza.

Menalca   Aquel tiene mucho amor
                    que no sale de nobleza
                    cuando le tienta el rigor.
                        Si a Jacinto doy la muerte,
                    ¿qué negocio desta suerte,
                    pues lo que adora le quito?

Coridón   Considerar te permito,
                    mas no con rigor tan fuerte.
                        Mira: por cien cosas puedes
                    animarte a esta hazaña

para que contento quedes;
y si atención me concedes,
verás que el amor te engaña.
   Muerto Jacinto, es muy cierto
que ha de ser aborrecido,
porque si un vivo está incierto
de que es presente querido,
¿qué puede esperar un muerto?

Menalca   Verdad, mas el sentimiento
dura mucho.

Coridón   Ni un momento;
que el bien que se pierde junto,
solo dura hasta aquel punto
que es cierto su perdimiento.
   Y esto es fácil de entender
mirando el fácil sujeto
del pecho de una mujer,
que es pocas veces perfeto,
y nunca en el buen querer.
   Y fuera desto, es mejor
para que entienda tu amor;
pues si a matarle te animas,
verá lo mucho que estimas
su desdén y tu favor.
   Y al fin no puedes dejar
de matarle en tiempo alguno;
y baste, para acabar,
que no ha de gozar ninguno
lo que no puedes gozar.

Menalca   Basta. No sé, te prometo,
qué furia, si no es Aleto,

se me reviste en el pecho.
Yo estoy de ti satisfecho;
solo te encargo el secreto.
   Aquí te puedes quedar;
que hoy le tengo de acabar.
Hoy no se ha de ver con vida:
tanto puede la homicida
que me ha enseñado a matar.
   Voy a buscar ocasión
para ejecutar mi intento.

(Vase.)

Coridón   Sus alas te ponga el viento
a los pies, y al corazón
su fuego el cuarto elemento.
   Ya desde hoy más, en el mío
salga el fuego al hielo frío
que en lágrimas se resuelve,
pues hoy tan aprisa vuelve
atrás su corriente el río.
   Fortuna, hoy vuelves atrás,
pues en la mano me das
el bien que mi alma quiere;
si aqueste Jacinto muere,
no puedo pedirte más.
   Que si Menalca le mata,
mientras el perdón se trata,
por fuerza se ha de ausentar;
y yo me vengo a quedar
solo con aquesta ingrata.

(Sale Ergasto.)

Ergasto	Fatigado me ha la cuesta; pero ya he llegado al valle: plega a Júpiter que halle de todo buena respuesta. ¿Es Coridón? Es sin duda.
Coridón	¡Oh, Ergasto! Seas bien venido. ¿Donde?...
Ergasto	Donde me ha traído aquel que todo lo muda.
Coridón	¿Por qué has dejado tu aldea? ¿Cómo quedan los casados?
Ergasto	¡Ah, Coridón! Mal logrados no hay bien que seguro sea. Ya sabes cómo Doristo llevó a vivir a su hacienda su esposa, su amada prenda.
Coridón	Toda la mudanza he visto, y supe cómo te fuiste con el padre de Amaranta.
Ergasto	Oye, que desdicha tanta jamás de tus ojos viste. Murió el pastor de improviso.
Coridón	¿Doristo es muerto?
Ergasto	Sí, muerto.
Coridón	¿Es cierto, Ergasto?

Ergasto	Muy cierto.
	Llegó su punto preciso.
Coridón	Voyme, Ergasto.
Ergasto	¿Adónde vas?
Coridón	Allá lo voy a decir.
Ergasto	Albricias podrás pedir
	de las nuevas que les das.
	¿Quién se huelga de su muerte?
Coridón	No te importa; queda adiós.

(Vase.)

Ergasto	¿Quién os las pidiera a vos
	si se trocara la suerte?
	Algún pretendiente amigo
	habrá que albricias le dé.
	¡Oh falsa, fingida fe.
	digna de eterno castigo!
	Con razón llamo fingida
	el alma de engaños llena,
	que pone en la muerte ajena
	la esperanza de su vida.

(Salen Belarda y Jacinto.)

Belarda	¿Qué tan de veras me quieres?
Jacinto	Que tan de veras te quiero,

	que en ti vivo y por ti muero.
Belarda	¿Que por mí vives y mueres?
	Pues yo... Mas oye, que veo gente.
Jacinto	¡Hola, Ergasto!
Ergasto	¿Quién es?
	Guárdeos el cielo, y después remedie vuestro deseo, aunque mejor acabado que el de Doristo.
Jacinto	¿Mejor?
	Nunca me ponga el amor en más venturoso estado con las prendas que más quiera.
Ergasto	Mejor tengáis la ventura, pues que ya en la sepultura reposa.
Belarda	¿De qué manera?
Ergasto	Murió Doristo otro día de su boda desdichada.
Belarda	¿Es burla?
Ergasto	Fuera pesada.
	Murió en la presencia mía; en estos brazos pagó lo que a la muerte se debe.

Jacinto	¿De qué enfermedad tan breve?
Ergasto	De un desmayo que le dio.
Belarda	¡Brava desgracia, por cierto, que me llega al corazón!
Ergasto	El mío con más razón tiene rasgado y abierto; que amaba a mi mayoral.
Jacinto	De suspenso, apenas puedo decir que sin alma quedo con el temor de su mal. ¿Siéntelo mucho Amaranta?
Belarda	¿Impórtate el sentimiento?
Jacinto	Será justo su tormento, pues es su desdicha tanta.
Ergasto	No lo siente como debe, porque casó a su disgusto; pero hace lo que es justo y lo que a su honra debe: de su pena soy testigo.
Jacinto	Siempre se debe a la muerte el llanto de cualquier suerte, aunque muera un enemigo; porque allí nos acordamos que nos falta aquella pena, y llorando por la ajena,

	por nuestra muerte lloramos.
Belarda	Bien sabes disimular. Dime, Ergasto, ¿qué ha de hacer la viuda?
Ergasto	Quiere volver, Belarda, a nuestro lugar; que no quiere estar allí donde su esposo murió; y a la casa que dejó, me envía su padre a mí, porque ya con ella viene, y quiere que la prevenga. Voyme, pues, antes que venga, a ver el orden que tiene; que habrá menester miralla.
Jacinto	Ve con Dios.
Ergasto	Con los dos quede.
(Vase.)	
Jacinto	Por Dios, Belarda, que puede con su marido enterralla. ¿Qué piensa el padre hacer della?
Belarda	¿Qué la entierre?
Jacinto	Ansí lo digo.
Belarda	No; mas casarla contigo, para enterrarte con ella.

Jacinto	Antes en tierra extranjera
tenga incierta sepultura,
y a manos de mi locura
en vuestra desgracia muera,
sin que aun en tiempos después
mi cuerpo entierre la tierra
que tanta ventura encierra,
pisándola vuestros pies.
¿Estáis burlando conmigo,
o merezco vuestros celos?
Belarda	Saben, Jacinto, los cielos
si estoy burlando contigo.
¡Oh, traidor! ¿Piensas que ignoro
que has adorado a Amaranta
con fe tan injusta y tanta
como yo la tuya adoro,
y que por verla casada
viniste a quererme a mí,
para que tu alma ansí
se entretuviese engañada?
Bien a costa de mi fama
diré que de ti lo he sido:
¿tan buena te he parecido
para falta de tu dama?
Eres hombres, haces tu oficio;
y el bien que perdiste allí,
quisieras ganallo en mí;
que es su ordinario ejercicio.
Al fin me engañaste, injusto;
que eres tan diestro en el arte,
que me has obligado a amarte
más de lo que fuera justo.

    Cantabas como sirena,
y estabas deshecho en llanto;
¿cómo, si penabas tanto,
disimulabas tu pena?
    A fe que finges muy bien;
que grande amor me has mostrado;
mas estabas enseñado:
pocas gracias se te den.
    Anda, búrlate de mí.
Vete y cásate con ella;
que para vengarme della,
basta conocerte a ti.

Jacinto	¿Adónde vas? Ten la planta. ¿Qué resolución es ésta?
Belarda	Anda, ve por la respuesta a tu mujer Amaranta. ¿Quires que a voces me queje? Déjame.
Jacinto	No he de dejarte, que ni la muerte no es parte para que el alma te deje. ¡Ah, gloria mía!
Belarda	¿Qué dices? ¿Yo tu gloria?
Jacinto	Y tú mi pena.
Belarda	No más, fingida sirena; advierte que te desdices, vuelve a tu centro, camina.

Jacinto	Pues ¿cómo, si tú te vas?
Belarda	¿Piensas acaso que estás con tu Amaranta divina? ¡Oh, falso! Dios te haga mal. Déjame; que te aborrezco.
Jacinto	¿Es posible que merezco que puedas decirme tal?
Belarda	Mira, imagina en el viento los animales más graves, y dentro en el mar las aves, y helado el cuarto elemento, primero que verme un punto asistir a tu presencia.
Jacinto	Ese que tenga de ausencia, basta a dejarme difunto. Tuvo soy, muero por ti. ¿Dónde vas, señora mía?

Belarda	No me voy, que no podría;
	cruel, si te llevo en mí.
	   ¿Posible es que has de dejarme?
	¿Posible es que has de casarte?
	¿Posible es que has de trocarte?
	¿Posible es que has de olvidarme?
	   Jacinto, vesme a tus pies.
	Mátame, será mejor;
	No aguardes, falso traidor,
	que yo me mate después.
	   ¿Por qué quieres que te vea

                    de ajeno dueño en los brazos?

Jacinto   Antes los haga pedazos
                    quien la muerte me desea.
                       Alza, señora, del suelo,
                    y no des causa a la tierra
                    que mueva a Júpiter guerra
                    viendo tan humilde al cielo.
                       Si es verdad que pude amar,
                    aunque no te lo confieso,
                    como no fue amor de peso,
                    púdolo el viento llevar.
                       Era de un árbol mi amor;
                    Amaranta para sí
                    cortó una imagen de mí,
                    tosca y de poco primor.
                       Llegué a tu mano divina,
                    y artífice sin igual,
                    perfeccionas, de metal,
                    en mi labor peregrina.
                       Sola te adoro, Belarda;
                    la mano en prendas te doy
                    para ser tuyo.

Belarda   Yo soy...
                    Gente viene: un poco aguarda.

(Salen Glicerio y Amaranta, y un criado suyo.)

Glicerio   Alabo mucho que de aquesta suerte
                    lleves con discreción, hija Amaranta,
                    de tu marido la temprana muerte.
                       Aquí podrás, pues tu desdicha es tanta,
                    pasar mejor la pena que te aguarda,

	de verle sin razón cortada planta.
Amaranta	Para todo me aflige y me acobarda
mi enemiga fortuna; en todo muero.
Jacinto
(Aparte a Belarda.)	(Salgámosle al encuentro, mi Belarda.)
Belarda	Mejor es que te escondas, que no quiero.
Que aquí nos hallen juntos.
Jacinto	Pues tú llega;
que yo me escondo.
Belarda
(Escóndese Jacinto.)	Escóndete primero.
Puesto, Glicerio, que el dolor me niega
poderte dar el pésame debido,
el alma diga lo que al alma llega.
Seas después de aquesto bien venido
con mi pastora mal lograda.
Amaranta	¡Oh, amiga!
¡Cuánto mejor no verte hubiera sido!
Glicerio	¡Oh, Belarda gentil! Siempre bendiga
tus verdes años el piadoso cielo.
Belarda	Y en parte alivie tu mortal fatiga.
Glicerio	De su parte me viene tu consuelo.
Huélgome que mi hija te haya visto,
que no tiene sin ti prenda en el suelo.
Ya tú sabes la muerte de Doristo;
pero porque mi hija te la cuente.

                         y yo tan mal sus lágrimas resisto,
                           a ver me voy en tanto si mi gente
                         mi casa me adereza.

Belarda   Ve en buen hora.
                         Siéntate aquí.

(Vase Glicerio.)

Amaranta   No mandes que me asiente.

Belarda   Sí, por tu vida.

Jacinto   ¡Oh, sabia engañadora!
(Aparte, escondido.)   (¡De qué manera quiere verle el alma,
                         por ver si está en la suya la que adora!
                           Nueva imaginación me pone en calma.
                         Juntos agora están mis dos sujetos:
                         ¿a cuál de entrambos le daré la palma?
                           Mas ¿quién podrá juzgarlos más perfetos
                         que yo, en mi propio pecho conociendo
                         la causa que es mejor, por los efetos,
                           pues el que amaba estoy aborreciendo,
                         y adoro aquel que cuando a mi memoria
                         llegó, aunque tarde, me dejó muriendo?
                           Luego del vencedor es la victoria.)

(Entretanto que Jacinto está diciendo esto, están hablando solas quedo.)

Belarda   ¿Que desa suerte murió?

Amaranta   Murió, amiga, desta suerte.

Belarda   Tan poco sientes su muerte,

	que harto más la siento yo,
	pues a llorar me provoco
	y tú estás de pasatiempo.
Amaranta	Conocíle poco tiempo,
	y ansí el sentimiento es poco.
	Igualo al tiempo el dolor,
	y esto no es de pecho ingrato;
	que a nosotras solo el trato
	nos obliga a mucho amor.
Belarda	También queremos sin él,
	mas no es esa la ocasión,
	que tenemos condición
	más piadosa que cruel.
	Y si tú, amiga, no amaras,
	como sospecho, otro dueño,
	no como burlas de sueño
	su muerte cruel pasaras.
	Di la verdad: ¿quieres bien?
Amaranta	La verdad te he decir:
	quiero bien hasta morir.
Belarda	Pues confiesas, dime a quién.
Amaranta	¿A quién, preguntas? No sé,
	Belarda, si te lo diga.
	Pero al fin eres mi amiga:
	a Jacinto di mi fe.
Belarda (Aparte.)	(¡Ay, desdichada de mí!)
Amaranta	¿Qué tienes?

Belarda	¡Oh, mi pastora! He echado menos agora una prenda que perdí. Mas di adelante tu cuento, y dime: ¿querida fuiste?
Amaranta	Fuílo un tiempo; más ¡ay, triste, que su fe se llevó el viento!
Belarda	Ya la prenda pareció.
Amaranta	¿Qué era, Belarda?
Belarda	¡Este anillo! De hallarle me maravillo, y entre las dos se perdió.
Jacinto (Aparte.)	(No ha estado malo el engaño.)
Belarda	Al fin, ¿qué piensas hacer?
Amaranta	Porfiar siempre, hasta ver del todo mi desengaño.
Jacinto (Aparte.)	(¿Mas que se pierde otra prenda?)
Belarda	Y aun querrás con él casarte.
Amaranta	Solo eso es, Belarda, parte a que yo deje mi hacienda. Y si la verdad te digo, vengo a tratarlo con él.

Belarda	¡Ay, qué dolor tan cruel! Yo muero; tenme contigo.
Amaranta	¡Ay, Dios! ¿Qué nueva ocasión... ¡Qué color tan amarillo!
Jacinto (Aparte.)	(¿Mas que tengo yo el anillo del dedo del corazón?)
Amaranta	¡Triste! ¿Qué tengo de hacer?
Jacinto (Aparte.)	(Ahora bien, quiero llegar, que no sufre el alma estar adonde la pueda ver.) ¿Qué es esto, hermosa pastora? ¿Soy yo menester también?
Amaranta	¡Oh, mi Jacinto! ¡Oh, mi bien!
Jacinto (Aparte.)	(No me faltaba otra cosa. Dejemos eso, y tratemos de saber desta pastora...)
Amaranta	¿Qué ven mis ojos agora, día en que libres nos vemos?
Jacinto	¿No te digo que me digas qué mal es éste que veo?
Amaranta	Ya te digo mi deseo, que es el mal de mis fatigas. ¡Traidor! ¿Ansí me recibes?
Jacinto	¡Hola, Belarda! ¡Ah, mi gloria!

	¡Digo, digo! ¿Sin memoria?
Amaranta	Tarde, cruel, te apercibes. Declarada es tu pasión, y mi muerte declarada.
Jacinto	Estarás desengañada que los sueños sueños son. ¿Cómo le daré remedio?
Amaranta	Parte a esa fuente, traidor, por agua.
Jacinto	Busca mejor o más conveniente medio.
Amaranta	¿Agua no podrás traella?
Jacinto	Deso de traer no trates: porque en tanto no la mates, tiemblo de apartarme della.
Amaranta	¿Tal maldad decir osaste?
Jacinto	Agua no la he de traer; si con agua ha de volver, yo lloraré la que baste. Aunque tú le has dado enojos, veré en aquesta ocasión si se cura el corazón con lágrimas de los ojos.
Amaranta	¿Cómo, estando yo delante, pasa tan grande maldad?

	¿Cuál hombre trata verdad?
	¿Cuál es verdadero amante?
	¿Qué ejemplo de ingratitud
	como éste ha visto mujer?
	Aprended a bien querer,
	que os importa la salud.
Jacinto	Ah, mi señora; ah, mi prenda;
	ah, mi dulce bien! Recuerda.
Amaranta (Aparte.)	(El seso quiere que pierda,
	y que la venganza emprenda.
	¡Ah, falso!)
Belarda	Gran mal me dio,
	cierto que he estado sin mí.
Amaranta	Y aun alguno que está aquí.
Jacinto	Ese, sin falta, soy yo,
	que me precio de adoraros.
Belarda	¡Oh, Jacinto! ¿Aquí estuviste?
Jacinto	Y tal, que mi llanto triste
	fue parte a resucitaros.
Belarda	Dios te lo pague.
Jacinto	¿Dó vas?
Belarda	A mi casa, que voy muerta.
Jacinto	Iré contigo.

Belarda	Estoy cierta que mejor te quedarás. Excusemos cumplimientos.
Jacinto	Iré, sin falta, contigo.
Belarda	No irás, si puedo, conmigo.
Jacinto	Aunque vayas por los vientos. Belarda, qué, ¿huyes de mí?

(Vanse los dos.)

Amaranta	¿Hay mal que como éste sea? ¿Hay piedra que sufra y vea tanto mal como yo vi? ¡Ay, desdichada! ¿Qué haré? Celos y rabia mortal, ¿Daré voces con mi mal, o con mi mal callaré? ¡Ay, fe de viento, en arena firmada, y con agua escrita! ¡Pecho que el alma me quita, por dar lugar a la ajena!

(Sale Ergasto.)

Amaranta	¿Adónde vas?
Ergasto	Por ti vengo.
Amaranta	¿Adónde vas? Di, traidor.

Ergasto	¡Yo traidor!
Amaranta	Téngote amor: qué, ¿te vas porque te tengo?
Ergasto (Aparte.)	(¡Qué extremos hace de loca! ¿Qué diablo tiene?)
Amaranta	¡Oh, qué bien! ¿Acá bienes tú también? Pues mira, calla la boca, y no digas que me voy, a mi padre, cuando venga.
Ergasto	Tendréte... El diablo te tenga.
Amaranta	¿Sabes quién soy?
Ergasto	¿Quién?
Amaranta	¿Quién soy? Soy el elemento quinto: por eso a mi padre di que hasta los cielos me fui a casarme con Jacinto.
(Vase.)	
Ergasto	¡Oh, pesia a quien me vistió! Por aquí han andado celos, que deben de ser los pelos del perro que la mordió. Ella va tras sus cuidados, y detenella quisiera,

            pero temí que me diera
            cuatro palos muy bien dados.
             Bien estuviera casada
            con Jacinto, aunque no es tarde.

(Salen Glicerio y Felicio, padre de Jacinto.)

Felicio   Venid, ansí Dios os guarde,
            Glicerio, a nuestra posada;
             que para todos habrá.

Glicerio   Téngolo a gran beneficio.
            A la mía iré, Felicio,
            que desocupada está.
             ¿Qué haces tú solo aquí?
            ¿Dónde está Amaranta? ¿Dónde?
            ¿Por qué te encoges? Responde.

Ergasto   Agora se fue... ¡Ay de mí,
             que no sé cómo te diga
            de la manera que fue!

Glicerio   ¿Cómo que se fue?

Ergasto   No sé...
            Tanto el dolor me fatiga...
             Que hay grande mal encubierto,
            y si licencia me das,
            el principio y fin sabrás.

Glicerio   Dilo; que me tienes muerto.

Ergasto   Criáronse en este valle
            Amaranta con Jacinto,

vuestros hijos regalados,
desde pequeñuelos niños.
Fue el amor con la ignorancia
mezclando su fuego vivo;
quisiéronse largo tiempo
de amor casto y primitivo,
casó Glicerio a Amaranta,
como sabéis, con Doristo,
tan a su disgusto della,
que aun muerto piensa que es vivo.
Ahora, que libre está,
debe de amar a Jacinto,
y sospecho que de celos
lleva perdido el juicio,
porque va dando mil voces
por esos ásperos riscos.
Poned, señor el remedio,
que está en manos de Felicio:
sosegaréis su furor
si se le dais por marido;
que es mujer y tiene celos,
y hará cualquier desatino.

Glicerio ¡Oh, cielos poderosos! ¿Qué es aquesto?
¿Tan gran castigo me tenéis guardado?
¡Oh, mala hija! Adiós, señor Felicio,
que me parto a buscarla, y os prometo
de no volver sin su cabeza infame.

Felicio Teneos, ¿Adónde vais? Paso, Glicerio,
que siendo ese traidor el instrumento,
me importa refrenaros, como padre,
cuando no me bastara el ser amigo.
¿No veis que vos también habéis pasado

| | por esta edad, y que pasamos todos?
| | ¿De qué os maravilláis? Mejor sería
| | poner al caso el conveniente medio,
| | que no aguardar a publicar el caso.

Glicerio   ¿Qué remedio queréis? ¡Oh, viejo triste!
            ¡Oh, mala hija, afrenta de mis canas!

Felicio   Dejadme vos coger el rapacito,
            que yo le haré que pueda ser ejemplo.
            No más. Vamos, Glicerio, a lo que importa.

Glicerio   ¿Qué me puede importar sino casallos?

Felicio   Pues ¿para qué tenéis la boca llena?
            ¿Quisiérades que yo me convidara?
            Porque tan rico sois y yo tan pobre...

Glicerio   No, amigo, que conozco la nobleza
            y el valor de ese pecho. Al fin te pido
            me des tu hijo.

Felicio   Yo te lo concedo,
            y a fe que has de llevarle castigado.

Glicerio   Pues vámosle a buscar.

Felicio   Vamos, y Ergasto
            se quede por aquí, por si vinieren.

(Vanse.)

Ergasto   ¡Buena va la vejez con tanta flema
            tras la sangre colérica encendida,

                    que corre ardiendo por los verdes años!
                    De ayer viuda, tratan de casarla.
                    Pero querrán tratarlo solamente.
                    Quiero disimular, que viene gente.

(Salen Menalca y Coridón.)

Coridón   ¿Que no te ha sido posible
            hallar, Menalca, ocasión?

Menalca   Tales mis desdichas son,
            y su remedio imposible.
                Mas dame tú que le vea
            en parte un poco segura,
            que no ha de haber desventura
            que como la suya sea.
                Aunque ver muerto a Doristo
            me ha dado claro a entender
            que a Amaranta ha de volver.

Coridón   Poco de su pecho has visto;
               que la tiene aborrecida.

Menalca   ¡Ah, buen Ergasto! ¿Aquí estabas?

Ergasto   ¡Oh, Menalca!

Menalca   ¿Qué buscabas?

Ergasto   Una celosa perdida,
               que se va tras sus antojos.

Menalca   ¿Es Amaranta?

Ergasto   Ella es,
            que lleva en ajenos pies
            la misma luz de sus ojos.

Menalca   ¿A quién sigue?

Ergasto   A quien la deja.

Coridón   ¿Quién es?

Ergasto   Jacinto.

Coridón (A Menalca.)   ¿No entiendes
            lo que dice?

Menalca   Su fe ofendes;
            antes Jacinto se queja,
              o a lo menos se quejó,
            de que se hubiese casado.

Ergasto   Vives, Menalca, engañado;
            puedo asegurarte yo
              que en este punto Felicio
            y Glicerio pretendían
            casarlos, porque temían
            que ella perdiese el juicio.

Coridón   En nuevo engaño te fundas.
            ¡Apenas Doristo es muerto,
            cuando ya tienes por cierto
            que tratan bodas segundas!

Ergasto   Esto es, sin falta: yo voy
            con nuevas de la victoria.

(Vase.)

Menalca Ve con Dios. Ya trueca en gloria
amor la pena en que estoy.
    Coridón, ¿qué dices desto?

Coridón Que tu celoso tormento
asegura el casamiento
entre los viejos propuesto.
    Casado Jacinto, quedas
en la antigua posesión.

Menalca Haz cuenta en esa ocasión
que toda mi hacienda heredas,
    Coridón. Si me confiesas
que son ciertas estas bodas,
pazcan tus ovejas todas
la yerba de mis dehesas.
    Colma de mis limpias eras
tus trojes del rojo trigo,
y tenme por tan amigo,
que para todo me quieras.
    Toma, toma a manos llenas
el fruto de mis ganados,
la fruta de mis cercados
y la miel de mis colmenas,
    que a mí, Belarda me sobra.

Coridón (Aparte.) (Y a mí, mejor que tu hacienda,
porque es del alma una prenda
que por ninguna se cobra.
    ¡Qué poco amor te enloquece!
Porque el enfermo amador

> conoce el ajeno amor
> por el mismo que padece.)

(Sale Jacinto huyendo, y Felicio tras él con un cayado.)

Felicio ¿Ansí, traidor, infamia de los hombres,
tal libertad me respondéis tan presto?

Jacinto Padre y señor...

Felicio No quiero que me nombres.

Menalca Paso, señor Felicio. ¿Qué es aquesto?
¡Con vuestro hijo tan injusto enojo!

Felicio ¿Injusto le llamáis? Santo y honesto.
    ¿Pensáis que porque tengo solo un ojo,
que no sabré sacarle si me ofende?

Jacinto Y yo también, si con razón me enojo.

Felicio ¿Es posible que el mundo te defiende?
¿Que te consiente el cielo?

Menalca Poco a poco.
¿Queréis herille?

Jacinto Y aun matarme entiende

Coridón ¿Por qué le maltratáis?

Felicio Porque es un loco,
desvanecido, inobediente, y tiene
mi mandamiento paternal en poco.

>   Sabe el falso, traidor que me conviene
> callase a mi contento, y descansado
> ver que la muerte a mis espaldas viene;
>   y con saber que estaba lastimado
> por la propia mujer que quiero dalle,
> que fue de aquel Doristo mal logrado,
>   responde que no tiene aqueste valle
> pastora que aborrezca en tanto extremo,
> y pone falta en su gallardo talle.

Jacinto
>   Gallardo dice... Respondelle temo,
> que yo le hiciera conocer su engaño.

Felicio
> Calla, intratable bárbaro, blasfemo,
>   que yo te hiciera conocer tu daño
> a no valerte la acogida tanto.

Menalca
> Por Dios, Jacinto, que te juzgo extraño,
>   y que de tu propósito me espanto:
> que si por tu Amaranta tantas veces
> movió las selvas tu piadoso llanto,
>   no sé por qué razones la aborreces,
> cuando a tus esperanzas el efeto
> más deseado con el alma ofreces.
> Juzguéte siempre por pastor discreto,
>   y pues lo eres, dime ¿en qué te fundas?

Jacinto
> En otras esperanzas, te prometo.

Menalca
> Pues cuando con razones me confundas,
>   confesaré tu ingenio y mi ignorancia.

Jacinto
>   Muchas dijera; pero son profundas.
> No quiero presumir con arrogancia

	de argumentar contigo; mas advierte
	lo que es en mis negocios de importancia.
	¿Puede llamarse con razón la muerte
	más fiera suerte que la vida larga
	del que en casarse tuvo mala suerte?
	¿Iguala del infierno pena amarga,
	ni de los varios elementos guerra,
	del mal casado a la penosa carga?
	¡Si no lo niegas, mira cuánto yerra
	quien me quiero casar con mi enemigo!
Coridón	¡Ved las mudanzas que el amor encierra!
	Agora para siempre, agora digo
	que es mudable el humano pensamiento.
Menalca	De que la has adorado soy testigo.
Felicio	Pues mira, con solemne juramento,
	por la sagrada Juno, te prometo
	que si en aquesto no me das contento,
	que no has de estar en público o secreto
	un punto más en nuestro valle; mira
	que a tal estado te verás sujeto.
Jacinto	Pasaránse las furias de tu ira,
	y tú verás que no es razón casarme,
	y que lo que te dicen es mentira;
	verás que no es razón acompañarme,
	siendo tan pobre, con quien no es muy rica.
Menalca (Aparte.)	(Ahora será bien aventurarme.)
	Jacinto, si eso temes, hoy te aplica
	justo remedio tu fortuna diestra.

Felicio	Espántome de ver que no replica.
	¿De qué manera la ventura nuestra
	se puede mejorar?
Menalca	Escucha, advierte,
	verás de mi nobleza alguna muestra.
	Condolido de ver la pobre suerte
	desta pastora triste y mal lograda,
	y de vuestra amistad el nudo fuerte,
	yo te daré una cédula firmada
	de darte mil cabezas de ganado
	el día que contigo esté casada.
Felicio	Pastor, el más gallardo que el dorado
	río divino que sus campos riega
	tuvo jamás en su ribera o prado,
	aquesos pies, aquesos pies me entrega,
	besarélos mil veces.
Menalca	Padre, tente.
Felicio	Hijo, llega también, conmigo llega.
Jacinto	Yo quedaré, Menalca, eternamente
	agradecido a tu valor divino;
	mas ya mi desventura no consiente
	que vuelva atrás del áspero camino,
	por quien amor me lleva a dar el alma
	a quien hacer mi dueño determino.
	Primero se verá del cielo en calma
	el movimiento, y que el humilde olivo
	venza en altura a la ensalzada palma,
	que yo me muestre desleal y esquivo
	a las obligaciones infinitas

	que debo a aquella por quien muero y vivo. 　¿Posible puede ser, estando escritas en medio de la frente, no se lean?
Felicio	¡Traidor, traidor! Tu muerte solicitas. 　Yo pienso hacer que hoy borradas sean con sangre tuya. Aguarda, aguarda, aguarda.
Jacinto	Nunca tus ojos tal venganza vean.

(Vanse los dos.)

Coridón	El ánimo suspenso me acobarda, Menalca, la extrañeza del suceso. ¡Mira si es adorado de Belarda!
Menalca	Calla, que estoy para perder el seso; y así, en este punto determino hacer un loco y temerario exceso. 　¡Que no me hiciera mi cruel destino de tan humildes padres, que igualara desta Belarda el casamiento indino! 　Sospecho que con ella me casara... y aun sin sospecho casaré con ella.
Coridón	¿Burlas?
Menalca	¡Pluguiera a Dios que me burlara!
Coridón	¿Ansí tan fácilmente se atropella tanta nobleza?
Menalca	Todo se le debe a la excelencia de una cosa bella.

                    Es amor un océano que bebe
                    todos los ríos sin guardar decoro:
                    tanto las almas a su fuerza mueve.
                       Los azadones y los cetros de oro
                    junta, como la muerte, en una liga;
                    condena el libre pecho a eterno lloro,
                    y aun a vivir en cuerpo ajeno obliga

(Sale Amaranta.)

Amaranta   Ya de su guerra mortal
(Para sí.)   mis celos en paz estén,
                   pues con las nuevas del bien
                   se va templando mi mal.
                      Pastores, ¿habéis, por dicha,
                   visto a Glicerio?

Menalca   ¡Oh, pastora,
                   a quien la fortuna ahora
                   puso en la mayor desdicha!
                      Hemos por lo menos visto
                   aquel tu ingrato pastor,
                   por quien te fuera mejor
                   que te viviera Doristo.
                      Ya tú sabrás el concierto
                   de tus padres.

Amaranta   Bien lo sé.

Menalca   Mas no sabrás de su fe
                   que está por Belarda muerto.
                      Aquí su padre trataba
                   su casamiento con él;
                   yo por mí, por ti y por él,

    de mi hacienda te dotaba;
   mas el traidor, que tan solo
el bien de Belarda precia,
mejores prendas desprecia
que si fuera el dios Apolo.
   El padre corre tras él,
pensando dalle la muerte:
esta es tu suerte y mi suerte,
más que hasta ahora cruel.
   Sabes que a Belarda adoro,
y temo, si él te dejase,
que con Belarda se case,
causa de mi eterno lloro.
   ¡Mira en qué punto me tiene
la fortuna que me sigue!

Amaranta   ¿Tanto el cielo me persigue?
¿Cuál Dios a matarme viene?
   ¡Pobre de mí! ¿Qué he de hacer
sin mi adorado enemigo?
Qué, ¿tan mal está conmigo?

Coridón   Tú lo podrás conocer.
   Mas cuando adelante pase,
cree, si el traidor te deja,
que no será con la queja
de que con otra se case,
   o con Belarda a lo menos;
que yo le haré mil pedazos,
y en sus brazos estos brazos
vendrán de su sangre llenos.
   Yo daré fin a su suerte.

Amaranta   Detente, no hagas tal;

           que no le quiero tan mal
           que le desee la muerte.
              Mas podéis amenazalle
           con lo que dijere yo,
           y a lo que nunca pensó,
           con esta industria obligalle.
              Mas temo que me faltéis.

Menalca   La vida falte primero.
           ¿Qué dudas?

Amaranta   Deciros quiero
             el remedio que tenéis,
              y lo que el mío ha de ser:
             veréis en mi industria tal
             lo que es agudo en el mal
             el ingenio de mujer.
              Sabréis, y sabe todo aqueste valle,
           que fui querida del traidor Jacinto,
           de quien agora soy aborrecida,
           con el extremo que de Clicia Apolo.
           Casáronme mis padres con Doristo
           para mi muerte y a disgusto suyo.
           En el segundo día de mis bodas,
           sabéis que de improviso quedó muerto,
           cosa que ha sido murmurada tanto.
           Podéis los dos jurar que este Jacinto
           comunicaba con los dos mil veces
           darle un veneno por casar conmigo,
           y yo de la traición daré querella.
           Pues como todos saben que me amaba,
           y ven mi esposo de improviso muerto,
           ¿quién duda que no den crédito al caso,
           y preso le sentencien a la muerte?

	Podré yo entonces, con piedad fingida,
	como que aquello me ha inspirado el cielo,
	decir que le perdono, si me ofrece
	que por el muerto me dará su vida,
	casándose conmigo, y esto antes
	que de la cárcel libremente salga.

Menalca ¿Qué dices desto, Coridón?

Coridón   ¿Qué digo?
Que Dios me libre de mujer airada,
y no de la ponzoña de mil víboras.

Menalca Solo pudiera de tu raro ingenio
ser esta industria; y desde aquí me ofrezco
si Coridón se anima a acompañarme,
ponerte preso al falso tu enemigo.

Coridón ¿Si me ofrezco me dices? ¡Bueno es eso!
Impórtame seguirte en este caso,
y por ventura más de lo que piensas.
Vamos a darle parte a la justicia:
no sea que del valle se nos vaya
con el temor del enojado padre.

Menalca Pues vamos, Amaranta, y está a punto
para que des querella en avisándote;
porque primero por el vulgo todo
conviene que el negocio publiquemos,
para después mejor mover a lástima.

Amaranta Vamos, que en vuestras manos va mi vida.

Menalca Y la mía en las manos de Belarda.

(Vanse, y queda Coridón solo.)

Coridón ¡Qué bueno me lleváis, amor tirano!
¿Paréceos que he ganado en vuestras ferias?
¡Mirad qué de traiciones hago en esto!
Soy traidor a Jacinto porque muera;
soy traidor a Menalca, pues le vendo,
siendo en su pecho verdadero amigo;
soy traidor a Belarda, pues la adoro,
y la quito del alma lo que adora;
y sobre todo soy traidor al cielo.
Mas quien te conociere, amor tirano,
si sabe que es amor fuerza del alma,
verá que no es posible de otra suerte;
que, aunque eres niño, vences al más fuerte.

Fin de la segunda jornada

Jornada tercera

(Salen los pastores a prender a Jacinto, y dos Alcaldes villanos; entran por una puerta y salen por otra, y Amaranta.)

Jacinto   Saben los cielos la verdad del caso,
y ellos, a quien ofende la malicia,
me librarán de vuestras manos fieras.

(Vase.)

Alcalde I   ¡Que se nos fue el traidor!

Menalca   ¡Que se nos fuese,
entre cien hombres!

Alcalde I   Juro al Sol que es fuerte.
¡Hi de puta, rapaz, y cuán ligero
jugaba del bastón a todas partes!

Alcalde II   No lo digas de burla, Bertolano,
que juro a non del Sol que traigo un brazo,
de un palo que me dio, que en quince días
no será mucho no tomar la azada.

Alcalde I   Alborotado vengo del caletre.
Por toda la semana me perdonen;
que no daré sentencia de provecho.

Amaranta   Señores, no os dé pena que él se vaya;
que el cielo propio le traerá al castigo.

Menalca   Movido tiene a ira a todo el pueblo,
viendo la muerte que el traidor ha dado

	al buen Doristo, cuya muerte siento.
Danteo	Paso, paso, Menalca, que te mira el enojado Júpiter; no digas que le mató Jacinto, que bien sabes que le habéis acusado de malicia.
Menalca	Hablas adonde es fuerza que te salgas con lo que dices, rústico; mas cree que no te alabarás.
Alcalde I	Pues ¿qué es aquesto? ¡En las barbas de toda la justicia osastes levantar escarapela!
Alcalde II	Calla, Danteo, que hablas con enojo. ¿No ves que hay dos testigos con sus tiestos, tan gordos como el puño cada uno?
Alcalde I	¡Verá la necedad! Está probado con una resma de papel escrito, y cómo y dónde se le dio el veneno, ¡y llámasle inocente! Más albérchigos.
Coridón	¿Qué se cansan en esto? ¿Ya no saben el amistad de aquéste y de Jacinto? ¿No saben que estos dos tienen un alma, y en una voluntad viven sujetos? Vamos en busca del traidor que huye; que solo en este caso nos importa el jurar la verdad.
Alcalde II	Pues alto: vamos, andemos estas huertas y cabañas,

	que si al traidor hallamos, ivoto al soto,
	que se ha de hacer un hecho que a alguien pese!
Menalca	Vamos, que la verdad hija es del tiempo;
	con él se viene a descubrir.
Alcalde II	Pues vamos.

(Vanse, y queda solo Danteo.)

Danteo	Si el tiempo de la verdad
	es el padre y desengaño,
	yo fío que por tu daño
	se descubra la maldad.
	¡Pobre de ti, desdichado
	Jacinto, mozo afligido,
	de enemigos perseguido
	y de amigos envidiado.

(Sale Belarda.)

Belarda	¿Cuándo las desdichas mías
	han de acabarse, Danteo?
	¿Si tendrá fin mi deseo,
	o por lo menos mis días?
	¿Qué embuste es este tan nuevo,
	tan riguroso y cruel,
	que urden al alma de aquel
	que apenas nombrar me atrevo?
	¿Adónde estás, mi Jacinto?
	¡Desventurada de mí?
Danteo	No llores, Belarda, ansí,
	aunque el natural distinto

obliga a los animales
a sentir las cosas tanto;
porque el remedio, y no el llanto,
previene el fin de los males.
 ¡Qué bien a sufrir te enseñas,
pues que ya por tu ocasión,
teñido en sangre el vellón
deja por zarzas y peñas!
 Ayer, que la humildad suya
más a su extremo llegó,
verter sangre le vi yo,
sangre suya y sangre tuya;
 que a su cruel padre vi
que recios golpes le daba,
y vi que el pastor se holgaba
de verter sangre por ti.
 Echóle de su cabaña
su padre, fiero enemigo,
y él llora a su propio amigo
necesidad tan extraña.
 No quieras más del estado
de sus cosas y las mías,
pues hoy me dijo: «Ha tres días
que no he comido bocado.»
 Espera, que voy ahora
a buscar algún sustento.

Belarda	¡Oh, padre ingrato, avariento del bien que mi alma adora!
Danteo	Voyme.
Belarda	Espera, que conviene, pues le ha faltado su padre,

| | que yo le sirva de madre
| | al que por mí no la tiene.
| | Iréme a casa, Danteo,
| | y buscaré qué le dar.

Danteo   ¿Dónde le piensas hallar?

Belarda   Que me lo diga deseo,
                    si sabes adónde está.

Danteo   En la cueva que está enfrente
               del álamo de la fuente,
               creo que me espera ya.
                  Vamos, haré que te espere.

Belarda   ¡Ah, cielos! Perdida soy.
               Danteo, como yo voy,
               no vaya quien mal me quiere.

(Vase.)

Danteo   Padres fieros, rigurosos,
               no os acabáis de entender.
               ¡Buen medio queréis hacer
               de dos extremos viciosos!

(Sale Jacinto.)

Jacinto   ¡Qué cansado y muerto vengo!
               Vengo del vivir cansado,
               y muerto porque he dejado
               la vida en quien yo la tengo.
                  Un hombre veo. ¡Ay de mí!

Danteo	No huyas, Danteo soy.
Jacinto	¡Cielos! ¿Que contigo estoy? ¿Estamos seguros?
Danteo	Sí, que esta peña nos encubre. y esta quiebra, que la parte, del camino la más parte hasta la senda descubre.
Jacinto	¡Ay, Danteo! ¿Y mi Belarda? ¿Cómo quedaba?
Danteo	Muy buena.
Jacinto	¿Siente mi pena?
Danteo	¿Tu pena? Ni tiene fe ni la guarda. Vila, y no la hubiera visto, que quizá fuera mejor. Díjome: «Vaya el traidor que dio la muerte a Doristo, y cásese con su dama; que para siempre conmigo acabó».
Jacinto	No más, amigo, que ya la muerte me llama. De la hambre y del trabajo casi estoy para expirar. Adiós, que me voy a echar de aqueste peñasco abajo.

Danteo ¿Adónde vas, ignorante?
Que por quien la muerte pides
es la columna de Alcides.
es la firmeza de Atlante.
   Es una roca batida,
es un acero perfeto,
es un varonil sujeto,
dispuesto a darte la vida.
   Yo la vi, y tu mal la dije;
y no quieras saber más,
de que muy presto verás
la causa por quien te aflige.
   Díjela que me aguardase
donde te suele esperar,
y así, la voy a buscar,
porque adelante no pase.
   Escóndete.

Jacinto   De la muerte
revivo en que muerto estaba:
esta vida me faltaba,
Danteo, que agradecerte.
   Ve con Dios, y aquí la envía,
y dila que no se tarde;
que podrá venir tan tarde,
que llore la muerte mía.

Danteo   ¡De la hambre y del trabajo
no me puedo menear!
¡Adiós, que me voy a echar
de aqueste peñasco abajo!

Jacinto   ¿Ahora de mí te burlas?

(Vase Danteo.) ¡Oh amigo fiel, de buen celo!
¡Qué de suertes de consuelo
me busca en veras y burlas!
    ¡Triste, que apenas, de hambre,
junto el uno al otro labio!
Muerte, ¿con tan vil agravio
cortas la vital estambre?
    La vida a la muerte iguale;
que ésta es baja a quien la tuvo
tan alta, que dentro estuvo
del pecho que tanto vale.
    Muerte, aguarda; muerte, aguarda;
no acabe mi vida ansí;
pues en Belarda viví,
muera yo cuando Belarda.
    No puedo tenerme. ¡Ay, triste!
Quiero sentarme. Cuidados,
qué, ¿aun no descansáis sentados?
Qué, ¿ningún mal os resiste?
    Pues no os acaba este mal
que suele acabar mil males,
en mí sois tan naturales
cual la hambre natural.
    Yo muero, amor inhumano:
¡ah, Belarda! ¿Has de venir?
Qué, ¿me tengo de morir
sin que te bese una mano?

(Sale Belarda.)

Belarda (Al salir:)   Iré cual dices, Danteo.
Pierde cuidado; que estoy
diestra en este monte, y voy
ahora con mi deseo,

                        que de la mano me lleva
                        y con su lumbre me guía.

Jacinto   Suspiros del alma mía,
                        llevadle la triste nueva.
                            Decid que muero.

Belarda (Aparte.)   (¡Ay de mí,
                        que mi Jacinto es aquél!)

Jacinto   No pensé, muerte cruel,
                        que tuvieras parte en mí.
                            Pero pues ya me has deshecho,
                        y el verte no me acobarda,
                        es gran señal que Belarda
                        me ha dejado de su pecho.

Belarda (Aparte.)   (¿Dejado? Cuando tal sea,
                        yo dejaré de vivir.)

Jacinto   Qué, ¿me tengo de morir,
                        y primero que te vea?

Belarda (Aparte.)   (¡Quién oyera con paciencia
                        las quejas que decir sabe!
                        Que en amor, lo más suave
                        son los regalos de ausencia.
                            Mas no lo puedo sufrir.
                        Llegar quiero. ¡Ah, pastor mío!
                        ¡Ay, triste! ¡Qué helado y frío!
                        ¡Si se me quiere morir!)
                            ¿No respondes?

Jacinto   ¿Quién me llama?

Belarda	Una humilde esclava tuya.
Jacinto	Mi vida se restituya cual vela muerta en la llama. 　Sopló la muerte, y matóme; y aunque es verdad que mató, en el humo que quedó, llegó tu luz, y encendióme. 　Vivo estoy, y ya deseo vida; que si estuve aquí muerto porque no te vi, ya vivo porque te veo.
Belarda	¡Oh, prenda tan justamente de lo mejor de mi pecho! ¿Cómo estás? Dime, ¿qué has hecho por tantos siglos de ausente? 　Mas ¡ay, necia! ¿qué pregunto? Toma, comienza a comer; que causa debió de ser de que te viese difunto.
Jacinto	¿Con aquestos embarazos tan bellos brazos cargaste?
Belarda	Bien dices, bien me culpaste, teniendo sangre en los brazos, 　que era justo sacrificio de mi amor y celo honesto; pero cuando falte aquesto, yo la ofrezco a tu servicio. 　No temas perder tu padre mientras te puedo valer.

Jacinto	Quiero empezar a comer, pues cobro tan buena madre. Este pan está mojado.
Belarda	Viniendo, he mojado el pan; quizá lágrimas serán que habrán en la cesta entrado. Cómelas, Jacinto.
Jacinto	¡Y cómo! Negra, de buena, es la salsa cuando no se guisa falsa, porque entonces no la como. Lágrimas es manjar tal, que la ventaja le den: verdaderas, saben bien; pero fingidas, muy mal.
Belarda	Tú propio serás testigo. Come, come a tu placer.
Jacinto	No quiero, que por comer me pierdo de hablar contigo.
Belarda	Basta, que contigo estoy. Come, come.
Jacinto	Aunque no quiera, me obligas. ¡Oh, quién bebiera!... pero ¡qué necio que soy! Como es el manjar tan nuevo, olvídome que me dan en las lágrimas y el pan

| | agua y pan, que como y bebo.
| | A fe que es nuevo el misterio.

Belarda   Come, come.

Jacinto   ¡Oh, mi Belarda,
             por quien libertad aguarda
             de mi alma el cautiverio!
                ¿Cuál es aquel ignorante
             que no quiere conocer
             el valor de una mujer,
             cuando es mujer semejante?
                Yo, a lo menos, mientras viva
             conoceréme deudor,
             y haré que mi tierno amor
             tu nombre en el alma escriba.
                Que de una mujer nací,
             y este ser del suyo tengo,
             y ahora, Belarda, vengo
             de nuevo a vivir por ti.
                Hablen los que las ofenden;
             que yo diré a boca llena,
             que de una mujer que es buena
             mil cosas buenas se aprenden.

Belarda   Come, come.

Jacinto   ¿No lo ves?
             Bien me va de todo punto:
             como, respondo y pregunto.

Belarda   Gente suena.

Jacinto   Mi padre es.

                        ¡Ay, desdichado de mí!
                        Adiós, adiós.

(Vase.)

(Sale Felicio.)

Felicio   ¡Ah, traidor!
                        ¿Huyes?

Belarda (Aparte.)   (¡Ah, tirano amor!
                        ¡Esto te faltaba aquí!)

Felicio   Huye, traidor, que algún día
                        a las manos me vendrás.
                        ¡Cómo! ¿Cómo, que aquí estás?
                        ¡Buena insolencia, a fe mía!
                          Pues, señora, ¿es bueno eso?
                        ¿Paréceos bien lo que pasa?
                        ¿Ya, como huésped de casa,
                        traéis de comer al preso?
                          Coged, coged lo que queda.

Belarda   Yo lo haré así, padre ingrato
                        del hijo del más buen trato
                        que hallarse en el mundo pueda.

Felicio   Coged, coged.

Belarda   A lo menos,
                        no es de lo que tú le has dado,
                        como lo tienen sobrado
                        los hijos de padres buenos.

Felicio Coged, coged.

Belarda Ya no hay más.

Felicio Pues ya que lo habéis cogido,
advertid bien el oído.

Belarda ¡Qué poco advertido estás!

Felicio ¿Parécete ingratitud
de un hijo que tengo honrado,
procurar con gran cuidado
su honra, vida y quietud?
　Y si el padre es bueno al fin,
¿parécete bien que cuadre
hacer obras de buen padre
al hijo perverso y ruin?
　Mas yo, ¿para qué argumento
con una rapaza amante,
más ligera e inconstante
que la débil caña al viento?
　Que si mal no me estuviera,
por los sagrados penates,
que si...

Belarda Paso, no me trates,
Felicio, de esa manera.
　Si respeto te he tenido,
no te lo debo, cruel;
respétote por aquel
que es y ha de ser mi marido.

Felicio ¿Tu marido? Antes le veas
de un león hecho pedazos.

Belarda	Tú le verás en mis brazos
y no como tú deseas.
Felicio	¿A mi hijo?
Belarda	¿Qué dijiste?
¿Tu hijo? Mío dirás;
y no esperes verle más,
viejo codicioso y triste;
que a mí me cuesta, a lo menos,
el dolor, que no me pagas.
Vete con Dios, y no hagas
tuyos los hijos ajenos.

(Vase.)

Felicio	¡Ay la loca, sienes de aire!
¿No veis qué notable exceso?
Por Dios, que perdiera el seso
a no lo echar en donaire.
Descuide la bachillera,
que antes de velle en sus brazos,
la fiera le hará pedazos,
y será mi mano fiera.

(Sale Menalca.)

Menalca	A fe que siento el cansarme.
Pues, Felicio, ¿qué hay de nuevo?
Felicio	A responderte me atrevo,
pues que te atreves a hablarme.
Di, mayoral, que bienquisto

solías ser, ¿qué te mueve
a decir que mi hijo debe
la muerte de aquel Doristo?
    ¿No sabes tú que es verdad,
y no fue engañoso intento;
que no hacer el casamiento
fue sobra de voluntad?
    Cree, mas que no te cuadre,
a estas canas desdichadas,
a estas manos arrugadas,
que al fin son manos de padre.
    Dame mi hijo.

Menalca   ¿Qué es esto?
¿Estás loco, por ventura?

Felicio No; mas por la desventura
en que tu rigor me ha puesto.
    Si a Belarda quieres bien,
y por ser pobre la dejas,
¿de qué, mayoral, te quejas?
¿Por qué te aflige el desdén?
    El rico no ha menester
hacienda, sino su gusto;
el pobre, que busque es justo
hacienda con la mujer.
    Si la tienes, ¿por qué dudas?

Menalca ¡Oh, padre! Bien me aconsejas.
Vanas han sido mis quejas;
hoy mi propósito mudas.
    Ea, pues, velo a tratar;
que cansado de andar ciego,
procurando mi sosiego,

| | ya lo quiero efectuar.
              Da por mi mano la tuya,
              que ya estoy de verlo loco. |
|------------|---|
| Felicio | Pues espérame aquí un poco;
              que yo te traeré la suya. |

(Vase.)

| Menalca | Esto es hecho; no hay qué hacer. |

(Sale Coridón.)

| Coridón | ¡Oh, Menalca! ¿Dónde vas? |
| Menalca | Ya, Coridón, no podrás
              mudarme de parecer.
                Sábete que estoy casado. |
| Coridón | ¿Casado? Muy bueno es eso.
              A fe que medras de seso.
              ¿Cómo o cuándo lo has soñado? |
| Menalca | Llegado a querer casarme,
              ¿hay pastora en este valle
              rica de hacienda y de talle,
              poderosa a despreciarme,
                pues no hay pastor que sea tal? |
| Coridón | Tu malicia te engañó;
              antes ninguno hallo yo
              para tu nobleza igual,
                y se tendrá por dichosa
              la que llegue a merecerte. |

Menalca ¿Es eso, de aquesa suerte?

Coridón Sí.

Menalca Pues Belarda es mi esposa.

(Vase.)

Coridón ¿Desa manera te vas?
Sin duda que es frenesí.
Yo me doliera de ti,
a no estar como tú estás.
   Mas si acaso lo tratase,
y Menalca lo supiese,
no dudo que lo entendiese
cuando ya lo efectuase.
   ¡Que éste, por rico, ha alcanzado
lo que apenas ha podido
Jacinto el triste, que ha sido
tan sin culpa condenado!

(Sale Jacinto.)

Jacinto (Aparte.) (¡Oh, interés, que tanto puedes!
¿Si es ida o si aquí se está?
fortuna, cánsate ya;
que ya de lo justo excedes.
   Este es mi fiero enemigo,
de quien me pienso vengar.
Solo está; quiérole hablar
en paz de fingido amigo,
   que fío que no se atreva
solo a prenderme. ¡Ah, pastor!

	¿Ha cesado ya el rigor de aquella justicia nueva? Solo estoy, no me defiendo; llega, si quieres prenderme.)
Coridón	¿Justicia quieres hacerme? Yo ni te busco ni prendo, y más en esta ocasión, que ya tan poco aprovecha.
Jacinto	Dado me has nueva sospecha. ¿Hay novedad de traición? ¿Hase cerrado el proceso? ¿Deshízose la mentira?
Coridón	Mira lo que dices: mira que son palabras de peso, y lo que yo te aseguro es que nadie te persigue.
Jacinto	¿Quieres tú que yo me obligue a tenerte por seguro? Tarde llegas.
Coridón	Sí llegué, pues ya se casa Belarda.
Jacinto	¿Qué dices? Espera, aguarda. ¿Que se casa? ¿Cómo, qué? ¡Belarda casada!
Coridón	Sí, o por lo menos se trata.

Jacinto   ¿Con quién?

Coridón   Un hombre de plata
                   la compra a peso de sí.

Jacinto   Conózcole por las señas.

Coridón   Gente suena.

Jacinto   Allí me voy.
                   Llama en pasando, que estoy
                   detrás de aquellas dos peñas.

(Escóndese.)

Coridón   Anda, vete.

(Sale Felicio.)

Felicio   Buena nueva,
                   Menalca.

Coridón   ¿No me conoces?

Felicio   No, Coridón, ansí goces
                   la prenda que amor te deba.
                     Loco de contento vengo,
                   y así no te conocí.

Coridón   ¿De qué Felicio?

Jacinto
(Aparte, escondido.)   (¡Ay de mí,
                   que cierta sospecha tengo!)

Felicio	Partí en este punto yo
por Menalca a hablar la madre
de Belarda, que su padre
ya tú sabes que murió.
En efecto, fui a tratar
que se la dé por mujer,
y diola mucho placer.
Haráse, no hay que dudar,
haráse ese casamiento,
y libraráme mi hijo.
Coridón	Padre, cuando esto te dijo,
¿daba en la veleta el viento?
Fíate que te ha engañado,
y dime: ¿qué parte es él
a que dé muerte cruel
libre a un hombre condenado?
Felicio	¿Eso me dices, traidor?
Pues si eso no fuera parte,
yo, su padre, ¿había de hablarte
con tanta amistad y amor?
¡Muy bueno está! Yo he de hacer
que en este día le dé
la mano, palabra y fe
de que ha de ser su mujer.
Quédate para quien eres.

(Vase.)

(Sale Jacinto.)

Coridón	No hay que dudar del concierto,

                    Jacinto.

Jacinto   ¿Es cierto?

Coridón   Muy cierto.
                    ¿Qué mayor probanza quieres?
                    ¿No te basta lo que has visto?

Jacinto   Sí, Coridón, cierto es.

Coridón   Tu padre quiere después
                    darte en lugar de Doristo.
                    Bravamente lo rodea.

Jacinto   El cielo me vengue dél,
                    y antes mi padre cruel
                    muerto en sus brazos me vea.
                      Y presto me verá muerto,
                    pues que Belarda se casa,
                    y el fuego que a mi alma abrasa
                    saldrá por el lado abierto.
                      ¡Ay, falsa! ¿Que el sí le diste?
                    Murieras sin darle el sí.
                    Mas yo, que te adoro a ti,
                    moriré porque le diste.
                      Era de pecho mudado,
                    como al fin don de mujer,
                    el que me daba a comer
                    pan en lágrimas bañado.
                      Y ¡con qué gusto comí
                    las mentiras que fingiste!
                    Otro veneno me diste
                    que yo a Doristo le di.
                      ¿Cómo ha de entrar en provecho

        manjar que el gusto me estraga?
¡Ah! Mal provecho me haga
hasta que reviente el pecho.
    La muerte quiero buscarme...
pero en balde me fatigo,
veneno llevo conmigo,
que basta para matarme.
    Adiós, monte; adiós, sombrío
bosque, selvas, plantas, fuentes,
siempre a mi dolor presentes,
testigos del llanto mío.
    Hoy acaban mis enojos:
tristes de hoy más quedaréis,
y sola esta vez veréis
las lágrimas de mis ojos.

(Vase.)

Coridón   ¡Qué lastimado me dejas!
¿Adónde te vas? No huyas;
que oyendo las quejas tuyas
no me acuerdo de mis quejas.
    ¡Pobre de ti, pues también
pierdes el bien que perdí!
Pero más pobre de mí
que siempre lo fui del bien.
    ¡Cómo! ¿Que he de consentir
que así Menalca se case?
Antes un rayo me abrase,
que tal haya de sufrir.
    Irme quiero a la justicia
y decir que este traidor
al inocente pastor
ha acusado de malicia,

                    y que vine a consentillo
                    por su mucha diligencia,
                    y que mi propia conciencia
                    hoy me fuerza a descubrillo.
                        Y aunque a mí me den la muerte
                    porque también se la den,
                    pensaré que mayor bien
                    no puede hacerme la suerte.
                        El casamiento se impida:
                    Belarda ha de perdonar,
                    porque no se ha de casar
                    mientras yo tuviere vida.

(Vase.)

(Salen los dos alcaldes y Menalca, Belarda, Glicerio, Felicio y Amaranta.)

Alcalde I   ¿De qué sirve que os mostréis,
                    señora Belarda, esquiva,
                    y que tanto os extrañéis
                    en cosa, que ansí yo viva,
                    que ganáis y no perdéis?
                        ¡A Menalca despreciáis
                    y tan de veras juráis
                    que no seréis su mujer!

Alcalde II   Aún no quiere responder,
                    ¿para qué la importunáis?

Felicio   Hija, si agora viviera
                    vuestro muerto honrado padre,
                    y así tan rebelde os viera,
                    más fuerza que vuestra madre
                    en el negocio pusiera.

    Que fuera de la riqueza,
tiene Menalca nobleza,
y por solo emparentar,
la mano le habéis de dar.

Alcalde I   U os quebrarán la cabeza.
    ¿Han mirado el zahareño
con que se está cabizbaja?

Alcalde II   Compadre, mi fe os empeño,
que en balde el casco, trabaja
si el alma tiene otro dueño.

Menalca   ¿Es posible, ingrata fiera,
que una palabra siquiera
no me quiera responder?

Glicerio   Quizá lo debe de hacer
como es la ocasión primera.
    Yo quiero llegarla a hablar.
Belarda, tu entendimiento
me obliga a no te cansar,
en dar palabras al viento,
que se las suele llevar.
    Menalca es hombre perfeto,
es rico, es noble, es discreto,
y adora tu gentileza,
y con toda esta nobleza
será tu esclavo sujeto.
    ¿No respondes? Otro llegue
que sea más venturoso.

Felicio   Aunque el respeto me niegue,
yo llego más codicioso

de que la mano me entregue.
   Hija, Menalca esta tarde,
como en tus amores arde,
mostrándome su tesoro,
me dijo: «Esta plata y oro,
para mi prenda se guarde;
   que por su rara belleza,
valor y virtudes tantas,
discreción y gentileza,
sobre esta humilde riqueza
pondrá sus hermosas plantas.»
   Dame esa mano, no huyas:
ata aquestas y las tuyas:
tu bello rostro levanta.

Glicerio   Llega tú, hija Amaranta:
quizá te dará las suyas.

Amaranta   Pues ¿cómo, hermana, tan brava
contra Menalca te muestras?
Dale aquesa mano, acaba;
que bien sabes que yo estaba
presente a ocasiones vuestras:
   yo sé que bien le has querido.

Menalca   Ya me tiene aborrecido;
tú se lo ruegas en vano.

Amaranta   Menalca, dame esa mano:
pierde esta vez de atrevido.

Menalca   Vesla aquí. Más oye, mira,
que no la enojes.

Amaranta	Aguarda:
	ya templa el fin de su ira.
	Dame esa mano, Belarda.
Menalca	Ves que se enfada y retira.
	¡Oh! ¡Mal haya el corazón
	adonde tan sin razón
	ha vivido tigre hircana!
Alcalde I	Por Dios, que me viene gana
	de dalla un gran mojicón.
	¿Diz que no ha de responder?
Alcalde II	Esta es la primer mujer
	que he visto hogaño sin lengua.
	¡Voto al Sol que tengo a mengua
	que andemos a su querer!
	Cuando hable, hablará tanto,
	que nos quiebre la cabeza.

(Sale Jacinto.)

Jacinto	Ya llega el fin de mi llanto;
	ya de mi humilde bajeza
	hasta el cielo me levanto.
	Hoy el amador de Abido
	se me confiesa rendido,
	pues ya voluntariamente
	vengo a la muerte presente
	sin ser de nadie oprimido.
	Yo soy aquel Jacinto desdichado
	que a Doristo maté con el veneno;
	vengo del alto Júpiter forzado
	adonde justamente me condeno.

	Rendido estoy: alzad el brazo airado.
Menalca	¡Oh fiero monstruo, de maldades lleno! Prendelde luego.
Belarda	¡Oh bien de mi deseo! ¡Oh, cuántos años ha que no te veo!
Alcalde I	¡Milagro! ¡Hola! ¿No veis que tiene lengua?
Menalca	Y brazos para dar a mi enemigo.
Felicio	Hijo, ¿qué es esto?
Alcalde II	¡Cómo! ¡Que se venga a nuestra misma casa el enemigo!
Menalca	No permitáis, señor, que así le tenga. Suelte los brazos; dalde su castigo.
Alcalde I	Sed preso.
Jacinto	Ya lo soy; morir deseo.
Belarda	¡Oh cuántos años ha que no te veo!
Menalca	Basta, que toman como burla el caso.
Glicerio	¿Por qué lloráis, Felicio, desa suerte?
Felicio	Lloro en ver que el traidor tan paso a paso a la prisión se venga y a la muerte.
Menalca	Tanta es la rabia que de verte paso,

tanta es la pena que recibo en verte...
Fuera, Belarda..., que yo propio quiero
ser de aqueste traidor cuchillo fiero.
 ¿Qué le miráis atentos? Vaya luego
a la cárcel.

Alcalde I
 Merece su delito
que acabe el falso en encendido fuego,
pues él confiesa cuanto veis escrito.

Amaranta
Paso: no le llevéis. Oíd os ruego.
Hablalle quiero.

Alcalde I
 Hablalle te permito,

Amaranta
Dime, Jacinto, ¿has muerto a mi marido?

Jacinto
 Yo le maté.

Felicio
 Del todo soy perdido.
 Hijo, ¿por qué confiesas dese modo?
¿Estás loco por dicha?

Jacinto
 Amor, que excede
los límites de amor, me obliga a todo.

Menalca
Pues que confiesa, condenar se puede.

Amaranta
Oíd; que a perdonarle me acomodo,
como en lugar de mi marido quede;
que si él me le quitó, no está obligado
de darme más de lo que me ha quitado.

Alcalde I
¡Viva mil años! Ea, que esto es hecho.

	Jacinto, dale aquesa mano tuya.
Jacinto	Primero me verán pedazos hecho
que aquese casamiento se concluya.

(Híncase de rodillas su padre.)

| Felicio | ¿Tienes, por dicha de diamante el pecho?
¿A qué furia Permites que atribuya
esa rusticidad? Dime, ¿estás loco?
¿Verme a tus pies estimas en tan poco?
  Hazlo, hijo, por todo lo que debes
a aquesta sangre que te dio la vida. |
| Jacinto | Padre, puesto que el pecho a llanto mueves,
el alma persevera endurecida.
No lo he de hacer. |
| Felicio | ¡Que a tal maldad te atreves!
Mátenle luego. |
| Menalca | Pague el homicida. |
| Belarda | ¡Ay! No le lleven, esperad primero:
rogaréselo yo, rogarle quiero.
  Por todo lo que debes a mis ojos,
a quien tan tiernas lágrimas les cuestas,
te pido que te cases, pastor mío;
que menos mal lo pasará mi alma
viéndote vivo, aunque con otra vivas. |
| Jacinto | ¡Oh, falsa! ¿Tal me ruegas? ¿Qué es aquesto?
Solo un momento que de vida tengo,
¿hubo de darme al fin tal desengaño? |

                        Debe de ser misterio de los dioses
                        que no pueda morir hombre ninguno
                        con engaño de que hay mujer constante.
                        ¡A voces pido muerte, muerte pido!
                        ¡Alto; de aquí me lleven!

(Sale Coridón.)

Coridón   ¡A buen tiempo!
                        ¿Qué justicia es aquesta inadvertida?
                        Paso; no le llevéis, que el alto cielo
                        hoy mueve mi conciencia a que declare
                        la verdad deste caso.

Menalca (Aparte.)   (¿Qué es aquesto?)

Coridón   Amaranta, movida de su pena,
                        a Menalca y a mí nos ha pedido
                        que juremos que fue Doristo muerto
                        a manos de Jacinto con veneno,
                        pensando que con miedo de la muerte
                        la recibiera por su amada esposa.
                        Aquesta es la verdad; y aquí me mueve
                        el cielo justo, que justicia pide,
                        que no muera Jacinto.

Alcalde I   ¡Extraño caso!
                        ¿Enmudeces, Menalca? ¿No respondes?

Felicio   ¡Gracias te doy, oh Júpiter inmenso,
                        que descubriste la verdad del caso!
                        Pase Amaranta y los traidores pasen
                        por el castigo que a mi hijo daban.

Glicerio	Blanda la mano, buen Felicio; advierte
que fue de amor la culpa.
Felicio	¿De amor dices?
Justicia pido al cielo y a la tierra.
Alcalde I	No más: este negocio está encontrado,
y si pedís los unos y los otros,
habemos de gastar nuestras haciendas,
y más si de ciudad viene justicia.
Tomad mi parecer, señor Felicio,
y demos a Jacinto su Belarda,
y en pago de que son testigos falsos
casemos a Menalca y a Amaranta;
que a Coridón, porque esto se sosiegue,
yo le daré a mi hija con mi hacienda.
Felicio	Al senado le enfadan cumplimientos.
Ya nuestra historia declarada queda:
llévese cada cual su prenda amada,
que aquí se acaba la comedia nuestra,
a quien su autor, por el amor constante,
le dio por nombre El verdadero amante.

Fin de la comedia

Libros a la carta
A la carta es un servicio especializado para
empresas,
librerías,
bibliotecas,
editoriales
y centros de enseñanza;
y permite confeccionar libros que, por su formato y concepción, sirven a los propósitos más específicos de estas instituciones.
Las empresas nos encargan ediciones personalizadas para marketing editorial o para regalos institucionales. Y los interesados solicitan, a título personal, ediciones antiguas, o no disponibles en el mercado; y las acompañan con notas y comentarios críticos.
Las ediciones tienen como apoyo un libro de estilo con todo tipo de referencias sobre los criterios de tratamiento tipográfico aplicados a nuestros libros que puede ser consultado en Linkgua-ediciones.com.
Linkgua edita por encargo diferentes versiones de una misma obra con distintos tratamientos ortotipográficos (actualizaciones de carácter divulgativo de un clásico, o versiones estrictamente fieles a la edición original de referencia).
Este servicio de ediciones a la carta le permitirá, si usted se dedica a la enseñanza, tener una forma de hacer pública su interpretación de un texto y, sobre una versión digitalizada «base», usted podrá introducir interpretaciones del texto fuente. Es un tópico que los profesores denuncien en clase los desmanes de una edición, o vayan comentando errores de interpretación de un texto y esta es una solución útil a esa necesidad del mundo académico.
Asimismo publicamos de manera sistemática, en un mismo catálogo, tesis doctorales y actas de congresos académicos, que son distribuidas a través de nuestra Web.
El servicio de «libros a la carta» funciona de dos formas.
1. Tenemos un fondo de libros digitalizados que usted puede personalizar en tiradas de al menos cinco ejemplares. Estas personalizaciones pueden ser de todo tipo: añadir notas de clase para uso de un grupo de estu-

diantes, introducir logos corporativos para uso con fines de marketing empresarial, etc. etc.

2. Buscamos libros descatalogados de otras editoriales y los reeditamos en tiradas cortas a petición de un cliente.

www.ingramcontent.com/pod-product-compliance
Lightning Source LLC
Chambersburg PA
CBHW022118040426
42450CB00006B/747